선배가 들려주는 기업상담 이야기

변시영

박영
story

　낯선 길에서 어디로 가야 할지 막막할 때, 누군가 이쪽이라고 안내해 주거나 나도 거기 간다며 함께 가자 말해주면 그리 든든할 수가 없지요. 이 글은 그런 마음으로 썼습니다.

　'기업상담'이란 낯선 길이 홀로 헤매며 외로운 길이 아니길 바라봅니다. 함께 걷다 보면 낯선 길도 갈 만한 길이 되고, 어느새 그 길만의 매력에 폭 빠져있는 자신을 발견하게 되실 거예요. 저도 그렇게 걸어가고 있는 중입니다. 어느 결에 10년이 훌쩍 지났네요. 먼저 발자국과 손을 내어준 선배, 동료들 덕분이에요. 어쩌면 이 글은, 그분들보다는 살짝 뻔뻔하고 무모한 제가 대신 전하는 마음일지도 모르겠습니다.

　길에 정답이란 없겠지요. 이렇게도, 저렇게도 갈 수 있을 거예요. 그러나 우리가 그 길을 좀 더 여유 있고 편안하게 갈 수 있을 때, 많은 직장인들이 우리와 함께 하며 '그래, 이 정도면 오늘 하루도 대체로 괜찮았지'라는 가벼운 마음으로 퇴근할 수 있을 겁니다. 다시 아침을 맞이하며 '그래, 오늘 하루도 잘 지내보자'라는 설레는 마음으로 출근할 수 있을 겁니다.

　그래서, 우선은 오늘 당신이 그 길 앞에서 대체로 괜찮고 설레길 소망합니다. 우리도 똑같은 직장인 상담자들이니까요.

목 차

PART 01 기업상담자가 되려면?

PART 02 기업상담엔 뭔가 특별한 게 있다?

PART 01

기업상담자가 되려면?

기업에서 나를 채용할 만한
'분명한 매력'이 있어야 합니다

생각해보면, 저도 어쩌다가 이 길에 들어서게 됐던가 의아하기도 하고 과연 난 어떤 준비를 했던가 부끄럽기도 합니다만 어쨌든 전 현재 기업상담의 장(場)에 있고, 가끔은 채용 과정도 경험하게 됩니다. 관심은 있으나 막막하기만 한 분들께, 조금 도움이 될 만한 안내를 해드리고자 합니다.

1) 원론적이지만, 우선 본인이 기업상담에 잘 맞는 사람인지 냉정히 판단해봐야 합니다.

제가 생각할 땐 각각의 세팅마다(이를테면 대학, 청소년, 사설, 기업 등) 특성이 있고 그렇기에 좀 더 갖추고 있으면 좋을 면모, 역량이라면 역량이 분명히 있는 것 같습니다. 그런 면에서 기업상담자에겐 상당한 적극성이나 창의성, 유연성, 순발력이 필요합니다. 기업은 앉아서 상담 잘하는 전문가만을 바라지 않는다는 것이 핵심입니다.(이것이 상담에 대한 과소평가로 오해되진 않길 바랍니다) 그렇다면 뭔가 다른 것이 필요하다는 거겠죠? 이건 다음에(chapter 2, 3 참고) 따로 정리해 보겠습니다.

2) 당장 기업에서 활용할 수 있는 매력적인 컨텐츠가 있으면 좋습니다.

기업에선 상담이 50%라면, 직원들 대상 강의나 프로그램 진행이 30~50% 정도는 된다 해도 과언이 아닙니다. 그러니 상담은 디폴트가 되고, 다른 걸 얼마나 잘 해낼 수 있느냐가 플러스가 될 수 있습니다. 명상 프로그램 운영을 해봤거나, 가족상담 과정을 이수했다거나, 미술 치료가 가능하다거나 등등… 그게 무엇이든 기업에서 활용 가능할 만한, 뭔가 내세울 만한 자기 컨텐츠가 있는 게 좋습니다.

전 상담심리사 자격을 취득하고 기업교육 컨설팅 회사에 다녔던 경력이 있습니다. 당시 많은 선배들은 직접 상담을 하는 곳이 아니라 컨설팅 회사라니, 하면서 걱정을 하셨을 정도로 좀 의외의 선택이었어요. 그런데 전 당시엔 무슨 배짱이었는지 모르겠지만 분명히 이 경력이 길게 봐서는 직장인 대상의 상담을 하는 데 좋은 거름이 될 거라 여겼었죠. 결론적으로는 이게 채용과정에서도 좋게 작용했던 게 사실입니다. 또 이 회사를 다니면서 동시에 상담의 끈을 놓지 않고자 사이버 자살예방 상담위원 일을 3년 정도 병행했었어요. 이 역시 사고 예방을 중요시하는 기업상담에서 제게 매력이라면 매력을 느낀 요인이었습니다.

3) 기본적으로 전공 일치성이 높은 게 좋습니다.

학부 때부터 심리학/교육학/상담학 등 관련 학문을 일관되게 전공하는 것을 의미합니다. 사실 그것이 상담하는 것과 무관할 수도 있겠지만, 상당히 많은 상담자들이 양성되고 있고 기업에 문을 두드리다 보니 어느 정도 우선 거르는 '체'가 필요한 거죠. 그래서 기왕이면 쭉 한 공부를 해온 사람을 좀 더 선호하는 거 같아요. 따라서 지금 다른 전공의 대학생이라면 복수전공 등을, 대학원을 선택할 땐 기왕이면 기업상담과 관련된 세부 전공을 선택하는 것도 나쁘지 않습니다. 결국 기업에선 그의 '조직/시스템에 대한 이해'를 중요하게 보니까요.

4) 가장 중요한 건 이력과 경력, 즉 어떤 경험을 갖고 있느냐입니다.

대체로 기업에서 이제 막 수련을 마치고 자격을 취득한 상담자를 채용하는 경우는 아직까진 좀 드문 것 같아요. 상담자들이 여럿 있어 그곳에서 소위 새내기 상담자를 키우려하는 경우를 제외하면요. 그런 정도의 규모가 되는 기업상담실도 아직은 드물죠. 그러니 기업에서 관심 가질 만한 경력을 가지고 있는 것이 좋습니다(예. 기업 파트상담, 연구 프로젝트 참여 등). 허나, 그럴 만한 사전 경력의 통로 자체가 많지 않으니 결국 더 중요한 건 자기 경험과 기업을 잘 연결시켜 내는 것이라고 여겨집니다(예. 대학에서 상담을 주로 해왔는데, ~를 위해 ~기획 운영해봤다, ~기업에서도 이런 경험을 살릴 수 있다). 앞서 말한 컨텐츠와 어찌 보면 맥이 같을 수 있겠습니다.

5) 지원하려는 기업의 채용 배경을 알면 더 좋습니다.

어느 곳이든 마찬가지겠죠. 대거 공채를 하는 조건이 아니라면 한 명 또는 두 명 뽑는 상담실에서 왜 지금, 어떤 사람을 필요로 하는지 알 수 있다면 아무래도 더 낫습니다. 이를테면 특정 성별이나 연령대를 원할 수도 있고요. 아니면 어떤 특성(예. 기획력이 좋은 또는 가족상담을 잘하는 등등)의 상담자를 원할 수도 있을 겁니다. 따라서 채용 공고를 낸 기업이 있다면 가능한 인맥과 정보력을 동원하여 어떤 맥락에서 지금 상담자를 채용하는지 알아보는 것도 좋습니다. 그래야 방향에 맞게 자기를 어필할 수 있겠지요.

6) 이력서와 자기소개서는 충실히 잘 꾸미셔야 합니다.

은근히 상담자들이 이런 걸 잘 못하는 거 같아요. 일종의 '진정성'을 제외한 다른 건 좀 가벼이 치부하고 뒤로 둔달까요? 그런데 전혀요. 매우 중요합니다. 결국 판단하는 건 그 몇 줄입니다. 그 안에 자신을 얼마나 잘 드러내고 포장하느냐, 그것도 능력이고 정성입니다. 구구절절도 안 되지만 너무 요약적이어서도 안 됩니다. 그냥 평소 이력이나 수련내용을 정리한 걸로 소위 퉁친다? 다 티납니다. 앞서 말씀드렸던 것들이 잘 드러나는 방향으로, 그러나 가독성 있게. (쓰다 보니 점점 전, 그냥 그때 운이 좋았다고만 해석이 되네요)

7) 대학(원)생이라면 기업상담 관련 논문과 책들을 찾아보세요.

공부해서 남 주지 않습니다. 기업상담 관련 논문들 중에서도 질적 연구에는 대체로 그들의 생활이 담겨있습니다. 미리 보고 대충이라도 알면 좋습니다. 그 과정에서 앞에 썼던 '나는 기업상담에 맞는 사람인가?'의 자기 검증이 이뤄지기도 합니다. 또 기업상담 관련 책을 읽는 것도 좋습니다. 개론서도 좋고 직장인의 심리나 고충을 다룬 책들도 좋겠지요. 기본적인 기업상담에 대한 이론적 개념들(예. 내부모델/외부모델, 기업 상담의 3주체 등)에 대한 이해를 해두는 것, 그리고 직장인들의 구체적인 삶에 대한 큰 그림을 그리는 것은 중요해보입니다.

8) 널리 소문내고 관심을 드러내세요.

병은 소문내야 된다 그러지요, 마찬가지인 거 같아요. "내가 기업상담에 관심이 있다~" 그렇게 얘기를 해야 주위에서도 압니다. 그래야 추천이 필요할 때 그 사람을 떠올릴 수 있습니다. 또 그때 망설이지 않고 나를 추천할 수 있게, 평소 자기 관심사와 색깔을 말하고 고민을 나누고 준비하는 모습을 보여주세요. 기업상담을 하고 있는 선배가 있다면 알아두고 찾아가서 조언을 구하는 것도 좋습니다. 목마른 자가 우물을 파는 법이고, 그런 자에게 누구든 좀 더 도움을 주고 싶어 하는 법이죠.

핵심노트

- 기업에 매력적인 자기만의 어필 포인트를 찾아보세요~
- 공부는 필수! 기업상담에 관한 내용 알아보기.

이런 분들은 더 잘하실 수 있어요

보통 일이라는 게 다 거기서 거기라고 얘기하기도 하지만, 자기에게 맞는 일은 따로 있다고 얘기하기도 하지요. 오늘은 후자의 관점에서, 그래도 기업상담이란 옷을 입기에 좀 더 적합한 체형이랄까요? 이걸 가지신 분들의 특성에 대해 정리해보겠습니다. 이야기를 늘어놓자면 끝도 없을 수 있겠지만 가장 핵심적인 것은 3가지인 거 같아요. 첫째, 유연성. 둘째, 창의성. 셋째, 적극성.

여기서 잠깐 강조해 드리고 싶은 건 이 세 가지 특성은 제 경험에 따른 정리니까 반드시 이것만이 옳다고 얘기할 수 없겠다는 것이고요. 더 중요한 것은 이런 특성이라고 하는 건 지극히 개인 스타일이니까요, 우리가 내담자에게 입버릇처럼 말하듯 '옳다, 그르다'의 문제가 아닙니다. 따라서 자신이 하루 중 1/3에 해당하는, 어쩌면 그보다 더 많은 비중의 시간을 보내는 '일'을 내가 좀 더 선호하는 방식으로 편하고 즐겁게 할 수 있는지의 관점에서 한 번 점검해 보는 정도로 읽어주시면 좋을 거 같습니다. 내 체형에 맞고 마음에 드는 옷은 이 옷 말고도 있을 테니까요.

우선 유연성입니다. 쉽게 말해 이런 것입니다. 상담은 이래야 한다, 상담실은 이래야 한다, 전문가에 대해 사람들이 이렇게 대해야 한다, 계획대로 되어야 한다 등등과 같이 '~해야 한다'는 규칙에서 자유도가 어느 정도 있는 분들이 더 적응을 잘하시는 거 같아요. 거꾸로 어떤 상황이나 일이 내가 생각한 대로, 계획한 대로 이뤄지지 않을 때 스트레스를 강하게 받으시는 분들은 갈등이 많을 수 있다는 얘기이기도 합니다. 예를 들어 상담자는 상담만 해야 한다, 상담은 꼭 상담실에서 충분한 시간을 할애해서 해야 한다, 상담자는 독립적인 전문가이므로 일반 직원과 유사하게 일을 시켜서는 안 된다는 생각이 강하거나 예정에 없던 일이 생기면 스트레스를 많이 받는 분들. 이런 분들보다는 상담은 여러 형태로도 가능하다, 상담자도 한 회사의 구성원이라면 비록 전문가지만 따라야 할 것들이 있겠지 하는 생각이 자연스러우신 분들, 그리고 평소에도 '그때그때 달라요'가 크게 어색하지 않은 분들이 좀 더 장점이 있으실 수 있습니다. 아무래도 기업에선 상담의 형태도 다양해야 하고, 여러 사람과 구조가 얽혀있다 보니 변수도 많고, 상담자도 직원 중 한 명으로 보기 때문에 소위 전문가에 대한 프라이드가 너무 강하다면 오히려 좀 힘드실 수 있기 때문입니다.

둘째, 창의성입니다. 기업에선 너무나 다양한 내담자 층이 존재합니다. 부모의 양육환경이 절대적인 영향을 미치는 아동 상담과 다르고, 미성년자로 가정, 학교라는 안전지대가 중요한 청소년 상담과 다르며, 성인이긴 하나 학생이라는 뚜렷한 신분이 있는 대학생 상담과 다릅니다. 자기 돈 내고 문제를 알아서 들고 오는 사설 상담과도 다르지요. 기업에는 적게는 10대 후반(고교를 막 졸업하고 온)부터 많게는 정년을 앞둔 50대 후반 중장년층까지, 어떻게 보면 앞서 말한 아동/청소년/대학생(직원의 자녀)을 비롯해 사설 상담에 올 만한 경제력이 있는 성인층에 이르기까지 모든 연령층이 다 포함되어 있습니다. 상사나 동료와의 갈등으로 회사에 나오기 싫은 사람, 성희롱이나 언어폭력 등 회사에서 발생한 사건사고의 피해자와 가해자, 부부갈등 혹은 자녀갈등을 겪고 있는 기혼자, 연애가 뜻대로 안 되어 고민인 젊은 청년, 이직이나 퇴직 고민을 하고 있는 신입사원이나 고령사원에 이르기까지 그 호소문제도 다양합니다. 또한 상담에 대해 관심이 아예 없는 사람부터 상담에 대해 호의적이긴 하나 비밀 보장에 대한 걱정으로 멀리서 지켜만 보고 있는 사람, 아니면 불신이 더 큰 사람, 더 나아가 상담(실)에 부정적인 경험이 있어 적극적으로 상담실에 대해 욕을 하면서 이용하지 말라고 입소문을 내는 사람에 이르기까지 상당히 다양한 고객층이 있습니다.

따라서 이들을 어떻게 만날지, 만나서 어떻게 상담(실)에 대해 매력적으로 느끼게 하여 상담을 이용하게 할지, 만났다면 어떠한 상담기법을 적용하여 상담을 진행하는 게 내담자를 위해 효과적일지에 대해 창의적인 아이디어를 많이 필요로 합니다. 다양한 프로그램이나 교육과정, 집단 프로그램을 새롭게 만들어야 할 때가 많기 때문이죠. 특히 밥벌이를 위한 직장이기 때문에 직원들의 분포를 보면 새로 들어오거나 퇴사한 직원 비율보다 고정되어 다니고 있는 직원 비율이 훨씬 많죠. 이 얘기인즉슨 작년에 이 분들 대상으로 어떤 교육을 했다면 올해는 내용을 바꿔야 한다는 이야기가 됩니다. 아무리 중요한 얘기라도 듣는 사람 입장에서 같은 얘기는 재탕이니까요. 따라서 원래 하던 대로 하는 익숙함과 편안함보다는 새롭게 하는 게 더 재미있다 하시는 분들, 평소 다른 사람들과는 다른 생각, 아이디어를 내는 편인 분들은 더 적응이 쉬우실 수 있어요.

마지막으로, 적극성입니다. 개인적으로 생각할 때 기업상담의 가장 큰 장점 중 하나는, 상담실을 (내부에서) 운영할 정도의 기업은 대체로 자본력과 시스템을 갖추고 있고 이 두 가지를 상담(실) 운영에도 그대로 활용할 수 있다는 점입니다. 이를테면 최근 상담 트렌드가 '트라우마 상담'이고 이걸 본인이 속한 회사 직원분들에게도 적용하면 도움이 되겠다는 생각이 들었다면, 관련 상담이나 프로그램을 적극적으로 기획하여 회사로부터 교육비를 받아 외부 트라우마 교육에 다녀올 수 있습니다. 직원분들의 스트레스 해소법 안내를 위해 내로라하는 유명강사를 회사 내에 초청하여 특강을 개최해볼 수도 있습니다. 기업은 탑―다운(Top―Down) 문화니 직급 높은 분들의 상담(실)에 대한 인식 개선을 위해 임원 코칭을 기획해볼 수도 있습니다. 이를 상담자가 하기 위해서는 당연히 먼저 외부 코칭전문가 과정을 듣고 오겠다고 할 수도 있고요. 이렇게 상담 외에도 다양한 활동을 직접 기획, 운영해볼 수 있습니다. 이를 위해 필요한 교육을 듣겠다고 요청할 수 있고 다녀올 수 있습니다. 단, 명분만 뚜렷하다면 말이죠. 회사의 자본력과 시스템을 활용할 만한 가치가 있는가, 없는가에 대해 답을 내놓을 수 있어야 하는 거죠. 결국 중요한 건 이 명분을 어필할 수 있는 기획력과 추진력이겠죠? 그렇게 하기 위한 힘, 이를 적극성이라고 정의한다면 분명히 더 잘 해내실 수 있는 분이 있을 겁니다.

어떤가요? 유연성과 창의성, 그리고 적극성. 여러분의 체형과 비슷한가요?

핵심노트

- '상담자도 한 명의 직원'이라는 말을 들었을 때, 혹시 거부감이 드시나요? 체크해보세요.
- 적극적으로 다양한 상담이나 접근 방법 생각해보기!

이런 분들은 조금 힘들 수 있어요

앞에서 이야기한 것과는 반대 방향의 이야기가 되겠습니다. 기업상담이란 옷이 잘 안 어울릴 수 있는 체형을 가진 경우겠지요. 마른 체형이라 너무 몸매가 부각되는 옷 스타일은 선호하지 않는 사람이 있듯, 어떤 분들에게는 기업상담이라는 세팅이 좀 안 맞는 옷처럼 여겨질 수 있습니다. 크게 세 가지로 짚어볼 수 있을 거 같은데요. 완전한 정통 상담을 지향하시는 분들, 혼자 하는 일에 대한 부담감이 크신 분들, 그리고 여러 사람들 앞에서 나서는 일을 좋아하지 않는 분들. 이런 분들에게 기업상담은 선호하지 않는 옷이 될 가능성이 있습니다.

첫째, 완전한 정통상담을 지향할 경우입니다. 여기서 완전한 정통상담이라 하면, 그 장소와 시간, 그리고 상담 과정 등으로 살펴볼 수 있을 텐데요. 안정적이고 독립적인 상담실, 1회당 상담시간(50분), 그리고 초기-중기-말기 혹은 접수면접-검사해석 상담-본 상담-종결상담-추수상담이라고 하는 회기 구성에 입각한 상담 과정일 것입니다. 기업상담에선 여기서 상당히 변칙이라면 변칙이 많이 적용됩니다. 즉, 오픈

된 휴게실에서 상담이 진행될 수도 있고 직원이 근무하는 사무실 현장의 회의실에서 해야 할 때도 있습니다. 꼭 1시간이 아니라 30분을 할 수도, 어떨 땐 20분이나 10분을 해야 할 때 혹은 할 수밖에 없을 때도 있습니다. 구조화된 상담으로 내담자 호소문제를 다루고 해결에 이르기까지 몇 회기에 걸쳐 만나는 게 아니라 지금 당장 내담자가 궁금해하는 문제에 대해 어떻게든 답을 줘야 할 때도, 내담자의 성장 배경이나 양육 환경 등에 대해선 아예 탐색조차 못 할 때도 있습니다. 주로 기업에선 상담자가 내담자를 파악할 때까지 시간을 충분히 주지 않습니다. '빨리빨리'가 익숙한 한국 문화, 여기에 다른 것도 아닌 생존을 위해 일하는 일터라는 특성은 상담에도 빠른 해결을 요구하는, 아니 바라는 경향이 분명 있기 때문입니다. 따라서, 안전한 정통상담, 그리고 시간을 많이 들여 깊이 파고드는 상담을 지향하시는 분들이라면 변칙적인 형태는 물론이거니와 당면한 문제 위주로 빠른 해결을 요구하는 기업상담 적응에 더 에너지가 많이 필요하실 수 있습니다.

둘째, 혼자 하는 일에 대한 부담감이 크신 분들입니다. 어떻게 보면 의사결정의 책임을 지는 것에 대한 부담일 수도 있습니다. 점차 확대되어 가고 있는 추세라 해도 아직 여전히 많은 기업들에서 기업상담실의 규모가 그리 크지 않습니다. 그렇다 보니 1명의 상담자가 홀로 근무하고 있는 기업이 꽤 많습니다. 내부모델의 상담실도 마찬가지이고, 외부모델로 EAP(Employee Assistance Program)업체를 통해 파견 형태로 근무하고 있는 상담실도 마찬가지입니다. 여기서는 상담자가 곧 상담실이고, 심리상담이고, 전문가입니다. 따라서 여럿이 함께 의논하고 상의하여 일하는 것이 더 편하신 분들, 그래서 나보다는 우리 센터나 우리 상담실이라고 하는 '우리'로 보여지고 대하는 게 더 편하신 분들은 이런 조건이 부담되실 수 있습니다. 수시로 물어오는 직원이나 관리자들의 자문 요청에 답을 해야 하는데 나의 의견이 전문가 전체의 의견으로 받아들여지는 분위기가 조심스럽게 여겨진다면, 혹은 그러한 의견에 대한 책임 소재를 분명히 하는 문화가 익숙지 않은 분들이라면 좀 더 신중하게 기업상담 선택을 생각해보실 필요가 있겠지요. 물론 기업 중에서도 1명 이상의 상담자가 근무하고 있는 상담실이라면 물론 좀 덜하겠지요? 그러나 2인 이상의 상담자로 구성된 기업상담실이 아직은 생각보다 많지 않거니와, 있다 하더라도 워낙 직원 수 대비 상담자 수는 적기 때문에 상담자 각자에게 '상담실' 혹은 '상담', '전문가'의 대표성이 요구되는 분위기는 어느 정도는 마찬가지라 여겨집니다.

마지막으로, 여러 사람들 앞에서 나서는 일을 좋아하지 않는 분들입니다. 기업상담에서는 앉아서 상담만 할 수 없습니다. 꽤 많은 직원들 앞에서 꽤 자주 교육을 해야 합니다. 즉, 강사로서의 역할을 상당히 많이 수행하게 됩니다. 여기에 기업상담에서는 비밀 보장에 대한 의구심이라는 두터운 장벽에 항상 맞서야 합니다. 그렇다 보니 저절로 찾아오는 직원들은 소수입니다. 그럼 소수로만 상담하면 되지 않는가? 생각되실 수 있겠지요. 결론부터 말씀드리자면 안 됩니다. 기업은 철저히 이윤 추구를 하는 조직이기 때문입니다. 학교 상담처럼 어느 정도는 학생을 보호하는, 아름다운 교육적 기능은 없습니다. 그렇다고 사설 상담처럼 자기 돈 내고 찾아오는, 그래서 자기 이익을 잘 챙기려는 자발적 내담자가 오는 곳도 아닙니다. 그렇기 때문에 기업 입장에서는, 즉 돈을 지불하여 상담실을 운영하고 상담자를 고용하고 있는 회사 입장에서는 상담실을 이용하는 사람들이 어느 정도는 있고 그들이 이렇게나 도움을 받고 있다는 손익계산이 뚜렷해야 합니다.

따라서 기업상담실이 존재하려면, 좀 더 냉정히 기업상담자가 자기 자리를 유지하려면 상담실의 존재 이유를 스스로 증명해내야 합니다. 가장 명백한 존재 이유는 상담실 이용자 수겠지요. 하지만 앞서 말했던 이유들로 상담자가 가만히 상담실에 앉아있는다고 저절로 직원들이 찾아올 리는 만무합니다. 특히나 기업에서는요. 따라서 먼저 다가가야 합니다. 다수의 잠재적 내담자들이 있는 직원들에게 말이지요. 가장 효과적이고 일반적인 건 교육이나 프로그램입니다. 그러니 꽤 많이, 자주 직원들과 교육 또는 프로그램을 통해서 만나게 됩니다. 상담자가 강사가 되고, 프로그램 진행자가 되어 다수의 직원분들을 만나는 것이지요. 이런 게 그리 힘들지 않는 분들이 유리합니다. 기왕이면 언어 유창성이나 유머 감각도 좋아서 다수의 사람들을 강하게 흡입해낼 수 있는 능력이 있으면 더 좋겠지요. 반대로 많은 사람들 앞에서 이야기를 하는 것에 대해 긴장이 크고 불안이 높으신 분들, 혹은 그렇게 나서는 게 본인의 성향과 맞지 않다고 느껴지시는 분들은 더 힘들게 느껴지실 수 있어요.

그렇다면 나는 어떤가, 궁금하시죠? 자, 지금 한번 학창시절을 떠올려보세요. 혹은 가깝게 대학원 시절을 생각해보셔도 좋겠고요. 다른 사람들 앞에서 발표하는 나를 떠올리면 어떠신가요? 아니면 나에게 선생님이 질문을 하셔서 모든 사람들의 눈이 나를 향해 있는 장면을 떠올리면 어떠신가요? 생각만 해도 너무 부담되고 스트레스를 받는다 하는 분들이라면? 네, 그런 분들은 기업상담이란 옷은 잘 안 맞는 옷일 수 있습니다. 물론 누구나 처음엔 하기 어려운, 싫은 류의 일이란 게 있지만 시간이 지남에 따라 또 능숙해지고 익숙해지기도 하지요. 따라서 앞서 언급한 것들에 대해서도 '반복된다'고 생각하고 가늠해보시는 게 당연히 중요합니다. 저도 몇백 명 앞에서 강의해야 할 때 처음엔 너무 긴장되어 벌벌 떨곤 했지만, 지금은 익숙해져서 일단 강의에 대해서는 그 규모와 상관없이 크게 떨지 않고 할 수 있게 되었답니다.

핵심노트

- 일반상담과 기업상담의 차이, 각각의 장단점에 대해 생각해보세요.
- 기업상담자는 상담전문가 외에 강사나 홍보마케터가 될 수도 있습니다.
  다양한 모습이 필요해요!

이런 준비는 도움이 되실 거예요

    최근 심리상담이 대중화되면서 관련 정보들을 얻을 수 있는 기회도 많이 다양해진 것 같아요. 어떻게 보면 고전적인 방식이라 할 수 있는 서적, 강의에서부터 최근 주매체인 SNS나 유튜브 등의 방송에 이르기까지 그 방식도 다채롭고요. 특히 최근엔 상담자들도 이런 채널에 적극적으로 뛰어들어 심리상담이 무엇인지, 상담자가 되려면 어떻게 해야 하는지, 상담자의 일상이나 보수 등에 대해 더 개방적으로 소통하고 있는 추세이기도 하고요. 그런데 여전히 기업상담 분야는 이러한 추세에서 약간 동떨어져 있는 경향이 있습니다. 청소년, 대학, 사설 기관들에서 근무하는 상담자가 어떤 일을 어떻게 하고 있는지는 어느 정도 서로 알고 있거든요. 알고자 한다면 물어볼 선배들도 꽤 있는 편이고요. 그런데 기업상담은 그 정도로 접근성이 좋은 편은 아닌 거 같아요. 뭐랄까요, 아직 신비주의가 있달까요?

    이건 크게 두 가지 이유 때문으로 여겨집니다. 첫째, 다른 청소년/대학/사설 상담 대비 기업상담이 아직은 역사가 짧고 규모가 훨씬 작기 때문입니다. 보통 대학원 교육을 마치고 수련을 시작하는, 혹은 자격증을 취득하고 필드로 진출하는 상담자들이 가장 많이 진출하는 세팅은 어디일까요? 청소년 기관이나 학교가 가장 많고 사설이나 공공기관이 그 뒤를 잇게 되죠. 간혹 병원도 있긴 하지만 임상심리사들이 더 다수이기 때문에 상담심리사로 병원에 진출하는 경우는 드물고요. 마찬가지로 기업으로 바로 진출하는 경우도 매우 드물어요. 그만큼 아직 기업상담을 운영하고 있는 기업 자체가 많지 않고, 있다 하더라도 그 티오 (TO, 일정한 규정에 의해 정해진 인원) 자체가 적기 때문입니다. 주변에 상담자가 10명 있다고 하면, 3명은 청소년, 3명은 대학, 2명은 사설이나 기관, 1명이 기업에 있다 해도 과언이 아니에요. 그만큼 기업상담 필드 자체가 아직은 작으니까 다른 상담 세팅만큼의 역사와 규모, 경험과 정보 공유 또한 적을 수밖에 없는 겁니다. 쉽게 말해 정보를 물을 만한 사람 자체가 많지 않은 거죠.

둘째는, 기업상담의 폐쇄성 때문입니다. 아무래도 기업은 이윤을 추구하는 곳이고, 그 자체의 규모가 크기 때문에 다양한 시스템이 얽혀 있습니다. 당연히 그에 따른 기업의 손실 방지를 위한 규제와 관리가 있을 수밖에 없고요. 특히 그 기업과 관련된 정보에 대해서 '보안'의 규정이 매우 까다롭고 모든 직원들이 지켜야 하는 의무와 책임이 됩니다. 회사에 입사할 때 이 보안을 지키고 사적으로 누설하지 않겠다는 서약서도 필수로 작성하고요. 그렇다 보니, 기업과 관련된 정보를 외부로 공유하기가 쉽지 않습니다. 그것이 무엇이든 자료의 형태라면 그 자료가 유출돼도 되는지 일일이 확인을 받아야 하죠. 당연히 상담실 역시 기업의 소속 조직이므로 이러한 정보보호 제약에서 자유로울 수가 없습니다. 하다못해 상담자가 근무하는 상담실로 후배가 견학을 하고 싶어도 회사 승인이 필요할 정도로 엄격하죠. 그러니 기업에서 상담실이 어디에 위치해 있고 어떻게 꾸며졌는지, 상담자들은 어떻게 일하는지를 외부의 사람들이 직접 눈으로 확인할 기회 자체가 많지 않습니다.

결국 기업상담에 대한 정보를 미리 알고 이 분야로 진출하기 위해 준비를 하고 싶은 분들이라면, 이렇게 정보가 제한적인 상황을 이해하고 가능한 다른 준비를 하실 수밖에 없습니다. 추천드리고 싶은 방법은 크게 4가지인데요. 첫째, 관련 논문을 찾아볼 것. 둘째, 직장인들의 삶을 다룬 자료를 많이 볼 것. 셋째, 성인상담을 해볼 것. 넷째, 기업상담에 있는 선배를 활용할 것.

먼저 논문 하면 흔히 연구를 위해서만 본다고 생각되기 쉽지만, 의외로 논문은 현실을 담는 중요한 도구이기도 합니다. 특히 최근에는 참여자들의 현실을 그대로 반영하고자 하는 질적 연구 방법들이 상담심리 분야에서도 많이 사용되고 있는 추세이기도 하지요. 사례연구나 내러티브연구 등을 통해 기업에서 근무하는 상담자들의 삶과 고민, 주요 역할이나 역량, 어려운 점이나 극복과정, 발달단계와 성장과정, 스트레스 요인이나 해소방법 등이 기업상담 분야에서도 다양하게 다뤄지고 있습니다. 특히 상담자들의 구체적인 인용문을 통해서는 그 현실적인 생활을 엿볼 수 있기 때문에 어떻게 보면 논문으로 선배와 만나는 효과를 얻으실 수 있습니다.

직장인들의 삶을 다룬 자료들은 정말 무궁무진하죠. 본인이 직장인으로서의 경험을 쓴 에세이, 자기계발서에서부터 직장인 심리나 스트레스 해소법 등을 이론적으로 다룬 전문서적에 이르기까지. '직장인 심리'라는 키워드 검색만으로도 찾을 수 있는 넘쳐나는 자료들을 흥미롭게 찾아보셔도 좋겠습니다. 그래도 직장인들을 대상으로 하는 상담을 특화해서 하고자 한다면, 그들의 삶이 어떠한지 고민은 뭐고 주로 어떤 감정들을 많이 느끼는지 간접 경험해보시는 건 큰 자원이 될 거예요.

다음으로 성인상담을 해보시는 것을 추천드립니다. 보통 수련하실 때는 아무래도 접근성 측면에서 청소년이나 대학생 내담자를 많이 만나게 되죠. 또 한편으론 상담자 스스로의 부담감 때문에 자신보다 나이 많은 사람을 상담하는 것이 좀 부담스럽기도 합니다. 그러니 좀 더 학생들 위주의 상담을 하게 되는 경향도 있는 거 같아요. 그런데 기업에선 굉장히 다양한 연령대의 내담자를 만나게 되고 특히 상담자보다 연령, 직급이 높은 분들을 만나게 될 때도 많습니다. 따라서 상담자가 과연 그렇게 넓은 연령대의 내담자를, 자기보다 인생 경험도 많은 내담자를 만날 만큼 상담 실력이 있는가, 어느 정도의 배짱과 자신감이 있는가는 기업에서 상담자를 채용할 때 중요한 기준이 되기도 합니다. 그러니 기업상담에 뜻이 있는 수련생들 혹은 상담자분들은 어느 정도 다양한 연령대의 성인상담을 해보는 것이 도움이 많이 되실 거예요. 요새는 다양한 연령대를 만날 수 있는 사설 상담센터도 많이 늘었고, 또 청소년상담센터나 대학상담센터에서도 부모상담 등이 가능하니 그런 기회를 노려보시는 것도 좋겠고요. 자원봉사기관을 알아보실 때도 성인 내담자를 만날 수 있다면 적극적으로 한번 경험해보시면 좋을 거예요.

마지막으로, 가능한 인맥을 이용해서 기업상담을 하고 있는 선배들에게 직접 이야기를 들어보세요. 비록 수가 많진 않더라도 건너건너 기업상담을 하는 상담자는 있기 마련입니다. 아주 조금 용기를 내어 한번 이야기를 들어볼 기회를 청해 보시면 좋을 거 같아요. 잘 알지 못하는 사이라서 거절당하면 어쩌지, 걱정되는 마음도 들 수 있지요. 그런데 누군가 자신이 하는 일에 관심을 가지고 궁금해하면서 이야기를 듣고 싶어 한다면? 물론 상황에 따라 살짝 귀찮게 여겨지는 마음도 잠깐은 들순 있겠지만, 이내 고맙기도 하고 기특하기도 하고 도움을 주고 싶은 마음이 더 크게 들게 됩니다. 또 근래에는 학회에서도 학술대회 등을 통해 다양한 필드에서 근무하는 선배와의 만남과 같은 워크숍을 개최하기도 하던데요. 그런 기회를 놓치지 않고 참여해보시는 것도 좋겠지요.

일단 문을 두드려보세요. 문은 그렇게 두드려보는 사람에게 열리기 마련이니까요. 혹시 저와 이야기 나누고 싶으시다면 저 역시 언제든 환영이랍니다.

- 기업상담에 맞는 준비가 필요해요. 직장인을 다룬 책이나 기업상담자 관련 주제의 학술논문 등 여러 자료를 미리 서칭해보는 것이 좋아요.
- 문을 두드려라. 그럼 열릴 것이다. 기업상담을 먼저 경험해 본 선배를 찾아보는 것도 좋은 방법!

기업상담엔 뭔가 특별한 게 있다?

끝이 끝이 아니다

지금부터는 기업상담이 다른 상담 세팅과 다른 구별되는 특징이 무엇인지 이야기를 해보려 합니다. 그중에서도 단연 떠오르는 첫 번째 특징은, 바로 '종결'과 관련된 것입니다.

상담을 준비하거나 이미 하고 계시는 분들 또는 내담자(상담을 받는 사람)로 상담을 경험해보신 분들은 아시겠지만, 소위 상담의 마무리를 '종결'이라고 합니다. 종결(終結). '일이나 사건, 사태 따위를 매듭지어 끝냄'이란 뜻을 가지고 있지요. 상담심리학 용어로는 '상담 과정을 마무리하는 것'으로 '상담자와 내담자가 설정한 상담목표가 만족스럽게 달성됐다는 상호 동의가 이루어졌을 때 일어남'으로 정의됩니다. '상담의 종결은 상담자와 내담자가 유지해 온 친숙한 관계를 청산하는 것을 의미함'이라는 부연 설명도 따라오곤 하죠. (출처: [상담심리학의 이론과 실제] (노안영 씀, 학지사 펴냄)) 그러니까 한마디로 상담을 마무리하면서 "이제 그만 만나요, 안녕~" 하는 겁니다.

그런데 잠깐. 바로 여기에서 기업상담만의 분명한 특징이 생깁니다. "이제 그만 만나요, 안녕~"이란 없습니다. "안녕, 다음에 또 봐요~"가 되는 겁니다. 왜냐하면, 기업에서는 상담자도 내담자도 모두 직장인이기 때문에 어느 한쪽이 퇴사를 하지 않는 이상 관계의 완전한 청산은 불가능하기 때문이지요. 그러니까 같은 회사를 다니는 그 둘이 오가며 한 번도 안 만난다? 이건 불가능합니다. 제 경험상 –누군가의 장기 출장 또는 휴직 등등의 이유로 부재하는 특수한 경우를 제외하고는– 대체로 상담 관계로 만났던 직원분과 1년에 최소 1번은 꼭 스치듯 만나온 것 같습니다. 밥을 먹는 식당에서든, 상담자가 진행하는 대규모 교육에서든, 건물과 건물 사이를 이동하는 회사 내 어느 길목에서든, 하다못해 그 어느 건물에 있는 화장실에서든요! 반면, 학교상담에선 어쨌든 '졸업'이란 게 있고, 사설상담은 '유료'이기에 종결이 더욱 분명하죠.

그러니, 기업상담에서 완전한 의미의 종결은 없습니다. 그런 '스치듯 만남들'에서 내담자는 '아, 그래. 요즘 좀 힘들었는데… 나한테 저 사람이 있었지'라며 다시 상담실 문을 두드리기도 하고, 때로는 상담자인 제가 그분의 표정이 좀 너무 안 좋았다 싶으면 걱정되고 궁금해진 마음에 먼저 연락을 드리기도 합니다. "오늘 먼발치에서 지나가시는 걸 봤어요. 요즘 좀 어떻게 지내시나요?" 이런 식으로 물어보기도 하는 거죠.

또, 신입사원으로 어리바리한 상태로 적응이 안 되어 힘들어했던 내담자가 세월이 많이 흘러 어느새 어엿한 과장님이 되어설랑은, "선생님~ 이번에 우리 부서에 신입사원들이 몇 명 들어왔는데 얘네들이 선배들이랑 나이 차이가 많이 나서요. 서로 이해하게 돕는 프로그램 좀 해주실 수 있을까요? 예전에 저 MBTI(성격유형검사) 했던 거 진짜 도움 됐었는데 그것도 괜찮지 않을까요?"라며 상담실에 당당히 부서 프로그램을 요청하는 노련한 선배가 되어 있기도 합니다.

이렇게 끝이 없는 특성 때문에 기업상담에서는 언제든 '예고편'을 쓸 수 있단 장점이 있습니다. 상담이 꼭 필요한데 여러 이유로 오기 꺼려하는 직원분께는 "그럼 좀 생각해보세요, 제가 한 달 후에 다시 연락드릴게요. 그때도 지금처럼 마음이 힘드시면 그땐 상담하는 방향으로 해봐요 우리"라고 하면서 다음(Next)을 이어놓을 수 있습니다. 거꾸로 내담자였던 분이, 한 2년 뒤에 불쑥 이번에 초등학교에 들어간 아들내미 때문에 미치겠다며 자녀심리검사를 하고 싶다고 찾아오기도 합니다. 그리고 나서는 또 "다음에는 아무래도 남편 때문에 오지 않을까 싶어요, 하하~"라고 하면서 저의 다음(Next)을 준비시켜 주시기도 합니다.

　그렇게 "안녕" 그리고 나서는 "다음에 또 봐요~"가 가능한 곳.
　네. 그게 기업상담입니다.

- 기업상담에 영원한 안녕이란 없어요! 사례를 잘못 다뤘다고 여겨지거나 조기 종결됐다 해도 쉽사리 포기하거나 너무 크게 좌절하지 말고 지내 보아요~

- 언제든 다시 찾아올 내담자를 위해 상담실 문을 편안하게 열어두세요.

먹고사는 게 먼저!
비밀 보장이 더 중요해지는 이유

기업상담의 분명한 특징을 또 하나 정리하자면, 단연코 '생존' 이야기를 안 할 수가 없습니다. 찾아보니 생존이란, '죽지 않고 살아있음/죽지 않고 끝까지 살아남다'의 뜻을 가지고 있네요. 살짝 무서운 느낌도 들죠? 하지만? 맞다!

잘 아시겠지만, 직장이란 곳은 '먹고살기 위해' 다니는 곳입니다. 물론, 자기계발과 자기성장, 자아실현 뭐 이런 것들도 다 가능하죠. 하지만 이 모든 좋은 것들은 다 먹고사는 문제, 즉 '생존'이 해결된 뒤에라야 가능한 것들입니다. 당장 먹고사는 게 흔들리면 모든 게 흔들립니다. 매슬로우의 욕구위계이론이 괜히 몇십 년 동안 건재한 게 아니겠지요.

그래서 이 먹고사는 '생존'의 문제를 해결해주는 곳＝'직장'인 사람들에게 그 직장 안에 있는 상담실을 이용하다는 것은, 아이러니하게도 또다른 생존의 문제로 이어집니다. 자연스럽게 이런 생각이 뒤따르게 되죠. '과연 이 상담실을 이용하는 것이 내 직장 생활 유지에 안전한가?'

다시 말해, '상담실 이용이 내 생존을 위협하진 않는가?!'

그래서 소위 '비밀 보장'의 문제는 어느 상담 세팅보다도 기업에선 더 더욱 민감하고 중요한, 생존의 문제가 됩니다. 당연히 상담실을 이용할 때, 그들은 상사 혹은 인사 부서에서 혹시 알게 되는 건 아닌지를 우선 의심할 수밖에 없고, 이 의심은 상담실을 찾아와 그 문을 열고 상담을 받기까지, 그리고 상담을 하고 돌아가 자기 자리에서 앉아서도 계속되는 대단한 '걱정거리'가 될 수 있습니다.

나의 직장 생활에 결정적인 영향력(평가권, 인사이동권, 평판 관리 등)을 행사하는 대상이 혹여라도 내가 상담받고 있다는 사실을 알게 됐을 때 가질 수 있는 부정적인 인식, 이를테면 '나약한 사람'이라든가 '정신적으로 문제가 있는 사람', '조직에 부적응하는 사람'으로 볼 수도 있다는 '낙인'에 대한 염려인 것이지요.

물론 학교도, 사설센터도, 그 어떤 상담 기관도 '비밀 보장'은 매우, 근본적으로 중요합니다. 특히 청소년들에게 '상담샘'이 부모님이나 '담임샘'이랑 한 통속인지 아닌지는 대단히 중요하죠. 그렇지만, 이조차도 직장인들이 갖는 생존의 무게감에 견주어지지는 않습니다. 청소년들은 아직 보호가 필요하다는 점이 울타리가 되어 주기도 하니까요. 그러나 직장인들에게 직장은 어떠한 울타리도 되어 주지 않습니다. 되려 날 쳐내지 않을까, 두려운 존재이지요. 그래서 그들은 죽을 만큼 힘들어도 회사에 꾸역꾸역 나와 일을 하고, 상사가 안 좋게 볼까 봐 힘들다는 얘기를 꿀꺽 삼키며, 집안 사정이 엉망진창이어도 멀쩡한 척 나이스한 미소로 오늘 하루를 보냅니다. 그래야 월급이 나오고 그래야 내가, 가족이 먹고살 수 있기 때문이지요.

여기에 이런 상황도 함께 말씀드리면 그 무게감이 더 잘 전달이 되려나요? 어떤 기업상담실에서는 일종의 복지 개념으로 직원들의 가족(배우자, 부모, 자녀)에게도 똑같이 상담 서비스를 제공해줍니다. 그럼 의외로 꽤 많은 가족분들이 이런 걱정을 먼저 털어놓으시곤 합니다. "제가 상담받는 것 때문에 혹시 우리 남편이 회사 생활에 지장 생기는 건 아닐까요?", "나 편하자고 했다가, 우리 아들이 불이익 받는 건 아니겠죠?"

이런 특성 때문에 기업상담은 그들의 의심과 걱정을 어떻게 안심시키느냐가 무엇보다 우선의 과제가 됩니다. 그 허들을 잘 넘겨야 어디선가 혼자 끙끙대던 분이 용기를 내고, 오셨던 분이 나중에 또 오기도 하며, 오고 나서는 누군가에게 "괜찮더라~ 진짜 비밀 보장되더라~" 입소문을 내주실 수도 있기 때문이지요.

죽지 않고 끝까지 살아남기, 생존. 그 생존에 걸림돌이 된다 여겨지면 상담도 뭣도 아무 것도 아닙니다. 그러니 상담 역시 당연히 생존을 먼저 보장해드려려 해요. 거기서부터 모든 출발이 가능합니다. 나의 생존에 상담이 이롭다, 라는 마음이 들 때라야 비로소 상담에 오시는 거니까요. 아, 그러고 보니 여기에 기업상담의 생존도 걸려있다! 이렇게도 정리가 되겠네요.

핵심노트

- 내담자에게 회사라는 존재감은 상담자가 예상하는 정도보다 훨씬 크다는 점 꼭 명심해주세요.
- 내담자가 회사에서 안전하게 상담실을 이용하기 위해서 비밀 보장은 정말 중요!

본캐는 상담자, 부캐는 명강사!

*본캐: 주로 사용하는 캐릭터
*부캐: 본캐릭터 외에 새롭게 만든 부캐릭터

코로나 창궐로 최근 들어 정말 많이 줄어들기는 했지만, 여전히 기업 상담자들이 하는 일 중에 '강의'는 상당히 많은 비중을 차지합니다. 아주 정확하진 않겠지만 제 경험치로 봤을 때 상담이 50%라면, 강의가 못지않게 30% 정도는 차지하는 것 같아요. 나머지 20%는 기타 기획이나 문서작성, 행정업무 등이 될 거 같고요. 그래서, 기업상담의 특성을 또 하나 꼽으라면 '강사 역할이 상당히 많고 이를 또 상당히 잘해야 한다'고 정리하고 싶습니다.

기업상담은 내담자가 상담실의 문턱을 넘는 데 상당한 결심이 필요한 곳입니다. 다른 글에서도 언급했듯, 회사는 '밥벌이'라는 생존을 위해 다니는 곳입니다. 따라서 그 어떤 세팅보다 다른 사람의 평가, 즉 낙인(상담실 갈 정도면 문제 있는 거 아냐?, 저래서 일 잘하겠어? 등등)에 더 민감할 수밖에 없어요. 그렇다 보니 용기 있게 자발적으로 상담실을 찾아오시는 분들도 물론 있으시지만, 그보다 훨씬 많은 수의 직원분들이 상담실을 그냥 먼발치에서 바라보기만 할 뿐입니다. 심지어 회사에 상담실이 있는지조차 모르시는 분들도 상당하고요.

　여기서 잠깐. 어떻게 모를 수가 있지?라고 생각되는 분들도 있을 거 같아요. 그런 분들께 이런 예는 어떤가요? 전 저희 아파트 단지 내의 상가에 아이들 줄넘기 전문 학원이 있단 걸 엊그제 처음 알았어요. 지금 수개월째 그리 많이 왔다 갔다 했는데 말이죠. 그만큼 제 관심사가 아니었던 건데요. 마찬가지인 거 같아요. 회사 내에 얼마나 많은 건물들 혹은 다양한 복지/편의 시설들이 있느냐의 규모도 물론 영향이 있겠지만, 매일매일 자기 자리에서 일하기도 바쁜 직장인들이 회사에서 벌어지고 있는 모든 정보를 의미 있게 받아들이고 기억하며 취하는 건 아니니까요. 게다가 '상담? 마음관리? 그건 나와 상관없어~!' 이렇게만 생각해오셨던 분들이라면 더더욱 그렇겠지요.

　그래서, 기업에서는 직원들과 만나는 기회가 생기면 그때를 잘 활용해야 합니다. 상담실이 있다! 상담실을 이용하면 이런 게 좋다! 이렇게 적극적으로 홍보도 하면서 상담실이 매우 매력적으로 보일 수 있도록 노력하는 거죠. 강의가 바로 그 기회일 때가 많습니다. 기업에서는 직원들 대상으로 상당히 많은 교육들이 이뤄집니다. 특히 회사의 규모가 클수록 모두가 꼭 들어야 하는 법정필수교육도 많을 뿐 아니라(예. 성희롱 예방, 직장 내 괴롭힘 방지 등), 직원들의 성장을 위해 필요한 계층이나 직무 단위로 다양한 교육들이 진행이 됩니다(예. 대리에서 과장 승진자, 면담을 많이 하는 직군 등). 직원들 역시 얼마나 많은 교육기회를 제공해주느냐에 관심이 많고 그걸로 회사의 가치를 평가하기도 하니까요.

　이런 교육에 저희 상담실의 컨텐츠가 많이 활용됩니다. 필요하다면 기존에 개설되어 있는 커리큘럼에 상담실에서 먼저 요청해서 1시간 강의로 끼어들어 가기도 하고, 혹은 교육/주관 부서에서 소통이나 갈등관리 등 상담실과 접목될 수 있는 강의를 요청해오기도 합니다. 또 아예 상담실의 강의만으로 독자적인 교육이 진행되기도 하고요. 그런 교육들이 다양한 계층(직급, 직군, 직책 등) 또는 이슈(스트레스 해소, 부서 내 갈등 관리 등)에 따라 진행이 되는 거죠.

그래서 기업의 상담자들은 일정 정도 명강사가 될 필요가 있습니다. 일단 본인의 주업무에 강의가 꽤 포함되는데, 기왕이면 자신도 잘한다는 느낌이 들어야 수월하겠지요. 더불어 직원분들은 그 강의 시간에 보여지는 상담자의 모습(강의 내용, 언변, 질의응답에서 보여지는 순발력, 유머 감각, 하물며 외모까지)으로 '상담' 혹은 '마음관리', '상담실'에 대한 이미지를 장착합니다. 이런 거죠. '몰랐는데 마음관리가 생각보다 중요하구나', '우울증 증상이 저렇다고? 나 좀 위험한데 상담실 한번 가봐야 하나?', '저 상담샘이랑은 한번 이야기 나눠보고 싶은 걸?' 즉, 강사로서의 매력도가 전문가로서의 상담자, 더 나아가서는 상담 및 상담실에 대한 매력도로도 이어지게 되는 겁니다.

그렇기 때문에, '상담자가 상담만 잘하면 되지, 웬 강의?' 이런 접근은 곤란할 수 있어요. 이렇게 생각이 많이 되는 분들은 기업상담과는 잘 안 맞을 가능성이 있겠고요. 기업상담에선 필히 강의를 잘 활용할 수 있는 능력이 필요합니다. 따라서 자신이 전달하고자 하는 내용을 알차게 꾸며, 듣고 싶게 만드는 프리젠테이션 능력은 자연스럽게 기업상담에서의 필수역량 중에 하나가 됩니다.

어떠신가요, 여기까지 쓴 내용을 제가 강의하듯 말로 전달해드렸다고 할 때, 전 좀 매력적인 강사인가요?

핵심노트

- 기왕이면 '명강사'로 직원들을 만나주세요.
- 강의나 프로그램 기획력 그리고 소위 '말발'이라고 할 수 있는 프레젠 테이션 능력이 필요해요~

"상담자가 왜 저래?!"

"상담자가 왜 저래?!" 기업상담실에서 근무하면서 종종 듣게 되는 얘기 중에 하나입니다. 제가 직접 이 얘기를 듣는다면 −보통 대놓고 안 좋은 얘기들을 하시진 않으니− 제 동료들을 흉보는 이야기일 때인데, 그 얘기인즉슨 저 역시 어디선가 저렇게 입방아에 올려질 수 있단 거겠지요?

이런 얘기를 하실 때는 보통 기대했던 상담자의 모습과 다른 모습을 발견했을 때, 즉 실망하게 됐을 때죠. 여기서 중요한 게 바로 그 '기대'인 거 같습니다. 그렇다면 대체로 많이들 하시는 기대는 무엇인가, 를 살펴보고 조금 주의를 기울일 필요가 있겠지요.

여기서 잠깐. 왜 그렇게까지 해야 하는가? 뭐 그리 다른 사람들 눈치까지 보면서 조심해야 하는가? 이런 의문을 품으실 분도 계실 거 같아요. 거기에 우선 답을 드리자면, 간단합니다. 기업에서 상담자는 나름 '공인'이기 때문입니다.

기업의 상담자는 직원들에게 꽤 많이 노출됩니다. 교육하는 강사로서, 혹은 부서 프로그램을 진행하는 집단 리더 혹은 퍼실리테이터로서, 또 때로는 상담실이나 마음건강에 대해 홍보하는 마케터로서 대규모 강의장이나 소규모 회의실, 혹은 가장 많은 인원들이 오가는 사내식당에서 직원들을 만나게 되죠. 그러다 보면 '아, 저 사람이 우리 회사 상담자구나' 이렇게 알게 되시는 경우가 많습니다. ─그러려고 이런 강의, 홍보 등을 하는 거기도 하고요─

그렇게 지내는 시간들이 몇 년이 되고, 켜켜이 세월로 쌓이면 어떻게 될까요? 상담자인 저도 알게 되는 직원분들이 물론 많아지겠지만, '1 : 다수'이기 때문에 대체로 훨씬 더 많은 직원분들이 상담자를 알게 되겠지요. 즉, 상담자를 알아보시는 눈들이 그만큼 많아진단 의미입니다. (여기서 또 기업상담의 특성이 한 번 더 짚어질 수 있겠네요. 아무리 평생직장 개념이 깨졌다곤 해도, 퇴사할 때까지 계속 다니시는 분들도 아직 꽤 많습니다. 그렇기에 졸업으로 학생들이 주기적으로 달라지는 학교, 유료이기에 상담이 종결되면 찾아오지 않는 사설 상담기관과는 확실히 다를 수밖에 없는 거 같아요)

그렇다 보니, 상담자는 그분이 누구인지, 어느 부서에서 어떤 일을 하는지 모를지언정 그분은 제가 상담자라는 사실을 알고 있는 경우가 꽤 많아요. 여기에 앞서 말했던 상담자에 대한 '기대'가 결합되면서, 혹 그 기대에 못 미치는 모습이 엿보이면 '상담자가 왜 저래?' 하면서 실망을 하시게 되는 경우들이 생기는 거죠. 그럼 이게 또 상담실에 대한 그리 곱지 않은 시선으로 이어져, 이를테면 '상담자가 저래서 어디 상담이나 제대로 하겠어?', '별로 안 가고 싶게 생겼던데?'로 확장되기도 합니다. 상담실 방문을 한 번 더 숙고하시는 거예요. 이 정도면, 상담자가 회사에서 '공인'이라는 데에 조금 공감이 되시겠지요?

그래서 기업상담에 대해 관심이 있고 이 필드에서 상담자로 근무하고 싶으신 분들께서는 '상담자가 왜 저래?'라는 얘기를 듣지 않도록 약간은 '공인된 자세'로 주의를 기울이시면 좋을 거 같아요. 우리가 뭐 연예인도 아니고 대단한 사람도 아니니 거창할 거야 없겠지만, 그래도 회사에서 나를 주목하고 있는 사람들이 꽤 있고 나의 행동이 그들로 하여금 내가 속한 상담실과 상담심리라는 분야에 대한 선입견(긍정적이든 부정적이든)을 갖게 할 수 있다면 조심하는 게 마땅하겠지요.

그들의 기대를 알면 실망하는 포인트가 무엇인지를 조금은 더 잘 이해하시게 될 거 같아서, 제가 지금껏 직접/간접으로 경험한 '상담자는 ~이래야 한다, ~이런 사람들이다'라는 기대를 정리해보는 것으로 이 글은 마무리하려 합니다. 너무한데? 하고 생각되실 수도 있겠지만 어차피 상담자에게 자기 관리는 상당히 중요하니까요. 그런 측면에서 한 번쯤 들여다보는 것도 나쁘진 않을 듯합니다.

- 상담자는 감정 관리를 매우 잘해야 한다. (아니, 상담자가 화를 낸다고?)
- 상담자는 스트레스 관리를 매우 잘한다. (힘들어 보이던데, 상담자는 스트레스 안 받아야 하는 거 아니야?)
- 상담자들은 서로 갈등이 없고 싸울 일이 없으며 매우 잘 지낸다. (상담자들끼리 갈등이 있대. 말이 돼?)
- 상담자는 늘 온화하고/평화롭고 다른 사람을 잘 공감해주는 사람들이다. (어떻게 불친절할 수가 있어?)
- 상담자는 소통을 매우 잘한다. (상담자가 어쩜 저리 말이 안 통해?)

핵심노트

- 기업 안에서 상담자는 유명인이 되어요. 누군가 지켜볼 수 있으니 언제나 태도와 행동을 조심!
- 직원들이 상담자에 대해 갖게 되는 기대나 환상에 대해 어느 정도 이해할 필요가 있어요.

'까마귀 날자 배 떨어진다' 주의보

기업상담에서 '비밀 보장'은 특히나 민감한 이슈라고 여러 차례 말씀 드렸는데요. 그 연장선에서 '상담 구조화'가 그만큼 중요하단 이야기를 해보려 합니다.

제 내담자와 있었던 사례인데요. (디테일한 내용은 내담자 정보보호를 위해 각색하였습니다) 평소 부서장에게 그다지 예쁨을 받지 못했던 내담자였어요. 뭣 때문인가 미운 털이 단단히 박혀서 평소에 인사를 해도 잘 받지를 않는 거 같고, 내담자에게 먼저 말을 거는 경우도 거의 없고, 업무에 대한 보고를 하면 대체로 칭찬보다는 지적, 질책이 더 많았다고 해요. 여러모로 회사 생활에 스트레스를 많이 느끼고 자존감은 떨어질 대로 떨어진 내담자와 몇 회기의 상담을 진행하고 있었습니다.

다행히 내담자는 부서장에게 예쁨을 받겠다는 목표 대신 다른 목표를 세우면서 조금씩 회사에 나오는 의미를 되찾았고, 그사이 세부 업무도 바뀌고 좋은 선배들과 팀으로 일하게 되면서 일에 대한 재미와 성취도 느껴가고 있었던 때였습니다. 어느 날인가 상담을 마칠 때쯤 부서장에 대한 이야기를 다시 하게 됐는데, 그 내담자가 "상담받는단 걸 아셔서 그런지 안 그래도 어느 날 부터인가 인사도 받아주시고, 엊그저께에는 먼저 "요즘 잘 지내고 있냐?"고 물어봐주기도 하시더라고요. 저도 사실 근래는 크게 부서장님의 반응에 신경 안 쓰려고 노력하고 그냥 지금 선배들과의 일에만 집중하고 있었던 터라 힘들지 않았는데, 그래도 따뜻하게 대해주신다고 여겨지니 마음이 더 좋았어요!"

아, 네. 마음이 좋다니 더할 나위 없이 반갑고 나도 좋은데, 그런데 응? 부서장님이 상담받는 걸 아신다고? 어떻게요? 그랬더니 내담자는 너무나도 말간 표정으로 "선생님이 얘기해주신 거 아니었어요?"라고 되묻는 겁니다. 아닌데요!

들어보니 내담자의 생각인즉슨, 이랬던 겁니다. 상담 세부적인 내용이야 비밀 보장이 된다고 해도, 상담을 받고 있다의 여부는 알려줄 수 있겠다. 그래서 부서장님은 내가 상담받는단 걸 알게 됐고, 상담받을 정도인 줄은 몰랐는데 내가 좀 무심했나, 앞으로 잘 해줘야겠다, 이렇게 생각하고 나에 대한 태도를 바꾸셨다.

어떻게 보면 내담자는 긍정적인 변화를 하고 있는 과정이었고, 부서장님에게 미운 털이 박혀있다고 생각되어 힘겹던 차에 부서장님도 이전보다는 덜 차갑게 자신을 대해준다고 여겨지니 상담실에서 자신이 상담받는지의 여부를 알려주었다(고 생각하)는 사실이 그리 기분이 나쁘지도, 걱정이 되지도 않았던 거였죠. 어떻게 보면 다행이랄까요, 내담자에게 나쁘게 작용하진 않았던 거니까요.

하지만 전 좀 이런 경험들을 하게 되면서 식겁한달까요, 그렇지 않은 경우도 충분히 있겠구나를 많이 생각하고 긴장하게 됩니다. 말 그대로 '까마귀 날자 배 떨어진다'인데 그 해석을 어떻게 하느냐는 위의 사례에서처럼 좋을 수도 있겠지만 반대의 경우도 충분히 가능한 거니까요. 이를테면 비슷하게 부서장님과의 갈등이 있는 어떤 분이 상담을 받고 있었는데, 이분은 여러 가지 이유로 힘든 상태가 지속되고 있었고 그러다 보니 굉장히 예민해져 피해의식도 많이 느끼게 되었다고 해보시죠. 그런데 이분에게 어느 날인가 부서장님이 더 냉랭하게 굴더라면요?

그러고 보니 어제 상담실 다녀오는 길에 부서장님을 만나기도 했었는데? 부서장님이 상담실에 전화해서 내가 상담받고 있는지 물어봤나? 일은 제대로 하겠냐고 확인을 해보고 싶었나? '상담샘'이 그래서 내가 상담받고 있는 것도 알려주고 지금 내가 좀 힘든 상태임을 말한 거 아닐까? 그러니 저렇게 냉랭하지!

이것도 사실 있었던 경험입니다. (마찬가지로 각색되었습니다) 잘 오시던 내담자가 어느 날 갑자기 뚝 연락도 잘 안 받더니 상담에 오질 않는 거예요. 훗날 조금 시간이 지난 후에 기회가 생겨 그때 일을 여쭤보니 이렇게 생각되어 안 오셨던 그분만의 '이유'가 있었던 거죠. 물론, 전 그 부서장님이 누군지도 몰랐고 만난 적도 없으며 그 부서장님의 연락을 받은 적도 없지만요.

이렇게 '까마귀 날자 배 떨어진다'는 일이 회사에서는 꽤 일어날 수밖에 없습니다. 특히나 지금 내담자가 불편한 이유가 되는 대상이 회사 내에 있는 상사나 동료, 혹은 부하직원이라면 불편해도 마주칠 수밖에 없거든요. 그러다 보면 이렇게 우연한 만남과 상호작용에 대해서, 내담자는 상담실과 연결 지어 해석하는 일이 벌어지게 되는 거 같아요.

그래서 이런 경우를 대비할 수 있는 방법은 사실 '상담 구조화'밖엔 없는 거 같습니다. 물론 첫 상담 때 상담 구조화는 당연히들 하시지요. 그런데 저는, 이 상담 구조화를 좀 더 의식적으로, 상담 회기 중간중간에 해주시는 게 좋다고 말씀드리고 싶어요. 특히 회사에서 관계 갈등(특히 상사와의)이 있는 경우에는 좀 더 주의를 기울이면서 혹시 상담을 받고 있는 거에 대한 걱정이나 불편한 생각이 든 게 없는지 물어봐주시는 것도 필요한 거 같아요.

그렇게 솔직하게 이야기되어질 장이 마련될 때, 내담자는 속에 두고 있었던 상담 비밀 보장에 대한 의구심을 꺼내놓을 수 있고 상담자와 함께 다룰 수 있게 됩니다. 중간에 영문도 모른 채 조기종결되는 경우도 조금이나마 막을 수 있고요. 또 이런 분들이 상담에 대한 입소문을 내시는 주역이기도 하거든요. 나도 상담받아 봤는데 정말 비밀 보장되고 좋더라, 고 얘기해주시면 너무 다행이지만 글쎄, 별로 비밀 보장되는 거 같지도 않고 부서장이 다 아는 거 같던데?, 라고 얘기해주시면 그 얘기를 들으신 분들은 상담실에 오실 가능성이 10배, 아니 100만배는 멀어지는 것이니까요.

'까마귀 날자 배 떨어진다'는 속담은 기업상담 장면에서도 너무 유효합니다. 그러니 그런 상황에 대한 내담자의 해석을 함께 다룰 기회를 자주 만들어주는 것이 필요해요.

핵심노트

- 회사 내 상담실에 대해 갖는 내담자의 불안이나 오해를 존중해주세요.
- 상담 구조화는 초기 세션에만 필요한 게 아니에요. 중간중간 민감하게 다뤄주세요.

야근 많이 하나요?

은근히 많이들 물어보시는 질문입니다. 저도 상당히 중요한 문제라 생각해요. 그런데 이건 정말 기업상담 일반으로 얘기하기엔 너무 '케바케(케이스 바이 케이스, case by case)'인지라, (질문에 대한 답으로 '케바케'만은 피하자 주의건만) 죄송하게도 회사마다 분위기가 다르니 그에 맞춰 요령껏 잘 하셔라는, 뻔한 답에서 시작하지 않을 수 없겠습니다.

이제부터는 저의 지극히 개인적인 경험에 따른 답을 하도록 하겠습니다. 그러니 감안하여 들어주세요. 일단 저는 지금의 회사 상담실에서 근 10년을 일해오고 있습니다. 10년이면 강산이 변하는데, 저의 야근 역사도 안 변했을 리 없겠죠. 곰곰이 돌아보며 좀 거창하게 이야기해보면, 지금껏 3단계를 거쳐 온 것 같습니다.

1단계. 입사 초기부터 적응까지 한 3년 걸린 시기입니다. 이때요? 야근 참 많이 했습니다. 생각해보면 어떻게 그리 했나 싶게 많이도 했습니다. 당시엔 회사와 집의 지역이 다르고 자가용도 없어 회사 셔틀버스로 출퇴근을 할 수밖에 없었는데요. 이때 막차를 타려고 숨이 턱까지 차게 헉헉, 버스정류장을 향해 달렸던 많은 밤이 떠오릅니다.

2단계. 적응도 했고 어느 정도 회사와 상담실 돌아가는 것도 아니까 조금은 수월하고 노련해진 시기입니다. 이때도 한 3년가량 걸렸겠네요. 업무 시간 운용에 이전보다는 효율적이 되고, 당연히 야근 역시 줄어갔던 것 같습니다. 그래도 제법 했지요. 막차시간까진 아녀도 1주일에 최소 1~2번 정도는 했을 거 같아요.

마지막 3단계. 2단계 뒤로부터 지금까지입니다. 일단 전 지금 야근을 절대 안 합니다. 어떻게든 소위 '칼퇴'를 합니다. 못 한 일이 있으면 다음날 아침에 일찍 출근해 할지언정 야근은 하지 않으려 합니다. 절대라는 극한 표현까지 쓴 이유는, 그렇게 다짐을 하고 결심을 해도 야근하는 날은 생길 수밖에 없기 때문입니다. 제 원칙은 이렇습니다. 1순위는 내담자 방문이 저녁 시간대밖에 안 될 때. 2순위는 협업하는 대상과의 일정상 어쩔 수 없을 때(회의, 공동 자료 작성 등). 3순위는 그때 시간을 들여 꼭 끝내야 하는 일이 있을 때(교안 개발, 갑자기 떨어진 소위 '수명업무' 등). 가능한 한 달에 최소 5회 이하 정도로 조정하고 있습니다.

그럼 이제 궁금해지시겠죠? 무엇이 이런 야근 빈도의 차이를 만드는지. 크게 세 가지로 정리가 되더군요. 회사 분위기, 상담실 역사, 상담자 개인 특성.

첫째, 서두에서도 말했던 회사 분위기입니다. 전반적으로 야근을 하는 분위기냐 아니냐인 거죠. 여기에 회사가 주 52시간 근무제를 잘 지키는지, 임원이나 부서장이 어떤 성향인지, 직원들의 근무형태가 나인투식스(9시부터 6시까지 일하는 업무시간)인지 아니면 교대근무도 있어 24

시간 가동인지 등이 들어가겠네요. 상담실 역시 회사의 한 부서입니다. 이러한 분위기에서 혼자 야근은 안 한단 식의 운영 원칙은 여러 가지가 고려되어야 합니다.

둘째, 상담실의 역사입니다. 이를테면 상담실을 처음 만드는 단계인지 아니면 제법 몇 년 운영을 해왔는지, 운영해왔다면 지금까지의 상담자들이 어떻게 운영을 해왔는지, 상담실에 대한 회사에서의 신뢰가 어느 정도인지 등이 해당되겠네요. 만약에 이전 선배들이 야간 운영을 해온 상담실이라고 칩시다. 그럼 직원들이 이미 야간 운영에 익숙한데 새로 들어온 사람이 야간 상담은 이제 없습니다, 라고 한다? 쉽지 않지요. 거꾸로 상담실을 처음 세팅하는 역할로 기업상담을 시작한다면 애초부터 야간 상담을 하지 않는, 즉 야근 없는 상담실로 만들 수 있는 기회일 수 있습니다. 그런데 이것도 처음 세팅하는 상담실이라면 상담실의 존재 이유를 증명해내야 하는 도전에 직면하게 되기 때문에 상당히 적극적인 활동을 보여줘야 할 수 있어요. 그렇다면 야근을 의도적으로 해야 할 수도 있겠지요. 고로 이러한 상담실의 역사는 상담자의 근무에도 영향을 미칠 수밖에 없습니다.

마지막, 상담자의 개인 특성입니다. 결국 위에 언급한 2가지 것들에 대해 어떠한 입장과 태도를 가진 상담자로 존재할지를 결정하는 것은 상담자 본인입니다. 이 특성에는 야근, 더 나아가 워라밸(work-life balance)과 같은 인생의 가치관이 당연히 들어가겠지요. 여기에 상담자의 숙련도, 업무 운용 능력과 처리 속도, 자기 관리 스타일, 회사에서의 위치, 다른 사람들의 상담자에 대한 평가나 기대치 등도 복합적으로 포함된다고 봅니다. 다소 센 가정일 수 있지만 이런 질문을 해볼 수 있을 거 같아요. '일도 못하는 거 같은데 꼬박꼬박 칼퇴는 하더라?' 이런 얘길 듣는 상담자라면? 거꾸로, '보니까 상담자가 늘 야근하고 부스스한 게

나보다 더 힘들어 보이던데 내 얘길 잘 들어나 주겠어?' 이런 얘길 듣는 상담자라면?!

어떤가요. 선뜻 대답하기 쉽지 않지요? 결국, 야근 많이 하느냐 아니냐는 이런 세 가지 특성에 따라 답이 달라집니다. 이 세 가지를 잘 이해하고 있는 상담자가, 특히 자기 자신을 잘 이해하고 조직(회사)과 상담실에 대한 입장을 정립해가면서 얼마나 균형 있게 조절해 가느냐에 달려있는 것 같아요. 그리하여, 저는 개인적으로 제 저녁의 삶에서 야근이 차지하는 비중이 나름 3단계의 변화를 겪은 거고, 지금은 야근 없음을 고수하면서 대체로 뻔뻔하게 지내고 있는, 그것에 자신있(으려 노력하)는 기업상담자 1인이었습니다.

핵심노트

- 기업상담자도 물론 야근을 합니다. 때로 전략적으로 접근할 필요도 있어요.
- '회사 분위기, 상담실 역사, 상담자 개인특성'이라는 3박자를 따져보세요.

잦은 리셋에 '그러려니' 하는
마음이 필요해요

　기업상담실에 들어와 많이 겪는 변화 중에 하나는 상당히 잦은 조직 개편이었습니다. 임원 교체, 이에 따른 팀이나 부서 등 하위 단위의 교체, 또 그런 하위 단위 리더들의 교체 등등. 어느 조직이나 마찬가지겠지만, 기업은 좀 더 잦은 거 같아요. 최소 1년에 2번쯤? 왜 이걸 언급할 수밖에 없냐면, 이러한 조직 개편의 바람이 상담실에도 은근히 세게 불어오기 때문입니다.

　상담실이 그 내용상 독립적인 운영을 한다고 해도, 상담실 역시 기업이라는 큰 조직의 한 단위이기 때문에 그야말로 완전히 '독립되어' 섬처럼 존재할 수는 없습니다. 따라서 이 상담실을 지원하는(좋게 말하면) 혹은 감시하는(나쁘게 말하면) 단위 또한 있기 마련인데요. 제가 아는 범위에선 대체로 인사과나 조직문화팀, 환경안전과, 고충해결팀 등의 부서에 속해있는 거 같아요. 그리고 그러한 부서에서 대체로 상담실을 지원 혹은 관리하는 전담자 1명 정도는 있게 되고요.

그런데 이들 부서에서의 조직개편이 일어난다면? 이를테면 그 전담자가 바뀌었다면? 또는 조직문화팀의 가장 높은 사람이 임원인데 그 임원이 바뀌었다면? 이런 게 앞서 언급했던 조직개편의 바람이라고 할 수 있겠지요. 그럼 그 '바람'에 우리 상담자들은 어떤 경험을 하게 될까요?

그들의 상담(실)에 대한 이해를 구하고 높이는 작업을 처음부터 다시 하게 됩니다. 어떻게 느끼실지 모르겠지만, 이건 글로 표현된 것보다 훨씬 복잡하고 어려운 일입니다. 예를 들어, 그 임원 혹은 상담실 전담자가 평소 상담에 대한 인식이 전혀 없었다고 가정해볼 수 있겠지요, 더 나아가 꼭 회사에서 상담 같은 복지 서비스를 제공해줘야 하는가 부정적으로 볼 수도 있습니다. 또는 반대로 상담은 꼭 필요한데 그게 우리 회사에서 발생할 수 있는 미연의 사고 예방을 위한 것이니 그걸 위해 상담실에서도 사고가 발생할 만한 상담 내용이 있으면 알려주는 게 당연하지 않냐고 여길 수도 있습니다.

새롭게 바뀐 상대의 그런 인식들에 대해 상담자는 다시 이해시키고 설득하고 때론 타협해야 합니다. "상담(실)이 이래서 필요합니다~ 상담은 비밀 보장이 생명입니다~ 우리가 협조할 수 있는 것과 없는 것이 있습니다~" 등등 때론 설명하고 때론 주장하며 때론 회유해야 하는 거죠.

이게 한두 번으로 끝나면 괜찮을 텐데 아까 말했듯 꽤 자주 일어나다 보니, 상담자도 사람인지라 좀 지치고 짜증이 날 때도 있습니다. 상담자 입장에선 했던 얘기를 여러 번 하는 거니까요. 또 사람과 사람이 만나는지라 그 사람(임원, 전담자, 부서장 등)과 이 사람(상담자)의 성격, 일하는 스타일, 가치관, 서로에 대한 기대 등등이 얽히며 좀 더 복잡하고 입체적이 되죠. 그러니 새로운 만남과 사귐에 시간과 노력이 들어가게 되고, 당연히 상담자로서는 에너지 소모가 수반되는 거 같아요.

그래서 이러한 '리셋'이 꽤 자주, 생각보다 제법 많이 일어날 수 있음을 이해하고 있으면 같은 일이 발생했을 때 '또야?! 지겹다' 등의 감정적 반응을 (물론 아무리 반복된다고 그게 사라지진 않겠지만) 빠르게 가라앉히고 조금은 관대한 태도로 대처할 수 있을 거 같아요. '그래, 저 사람은 저럴 수 있지, 처음이니 모르는 게 당연하지, 시간이 좀 걸리겠지' 이렇게 '그러려니~' 하는 마음! 어쨌든 그 사람과 또 한동안 일을 해야 하니까요~ 게다가 꽤 그 사람이 상담(실)에 미치는 영향력이 있다면 잘 지내는 게 결국은 상담자 본인과 상담실 조직에 편하고 유익하겠죠? 그러니, 그가 상담(실)에 대한 인식을 잘 할 수 있도록 상담자 자신부터 '이 바람도 결국엔 다 지나간다~ 그러려니~'로 리셋에 임하는 게 필요해 보입니다.

핵심노트

- 조직 개편 등의 이유로 임원이나 담당자가 바뀌면 상담(실)에 대한 오리엔테이션도 다시 해야 합니다. 익숙해져야 해요.
- 그러려니~ 하는 관대한 마음으로 잦은 변화를 바라봐주세요.

자발성, 약이 되기도 하고
독이 되기도 해요

이번엔 기업상담자의 자질이라면 자질이라고 할 수 있는 '자발성'과 관련하여 이야기를 해보려 합니다. 자발성이란, 남의 지시나 영향에 의하지 않고 자기 스스로의 의지에 따라 행동하는 성질이나 특성이라고 정의되곤 하는데요. 한마디로 누가 시켜서가 아니라, 자신이 스스로 하는 걸 의미하죠.

자발성은, 당연히 기업상담자에게 필요합니다. 다른 글에서도 언급했듯, 기업에선 상담자에게 꽤 다양한 '부캐'를 요구하는 편이에요. 강사이거나 프로그램 운영자이거나 혹은 마케터일 수도 있겠죠. 그렇기 때문에 자발성이 높은 상담자일수록 기업에서 그 빛을 발할 가능성도 높습니다. 누가 시키지도 않았는데 본인이 흥미가 생겨, 사명감이 생겨서 새로운 시도를 다양하게 해보는 경향이 있으니까요. 사실 많은 분들이 공감하시겠지만 직장 생활을 하다 보면 보통 해야 하는 일들(위에서 시켜서, 하는 걸로 정해져 있어서 하는 일들이 많죠)에 쫓겨 뭔가를 새롭게, 달리 해볼 엄두를 잘 못 내기 마련입니다. 그런데 자발성이 높은 사람들은 이렇게 시켜서 해야 하는 일만으론 자기 만족이 되지 않습니다. 한마디로 성에 차질 않죠. 그러니 틈새를 노려서라도 혹은 기존에 해오던 일에서라도 자발성을 발휘하여 '자기 일', 즉 누가 시켜서가 아니라 '내가 하고 싶어서 하는 일'로 그 성질을 바꾸어 해내고 성취감을 느끼는 경향이 높은 거 같아요.

그래서 지금껏 제가 경험한 자발성이 높은 기업상담자들의 경우를 예로 들면, 새로운 상담기법에 관련된 책을 읽고 나서(예. 수면인지치료, 섭식장애치료 등) 관련한 문제로 불편감을 느끼는 직원들을 대상으로 하는 테마상담 프로그램을 개발하여 진행하기도 하고요. 매해 직원들이 많이 오가는 점심시간을 활용해 식당 앞에서 해오던 상담실 홍보 이벤트를 올해는 야근하는 직원들도 있으니 저녁시간까지 하자거나 TV 예능 프로그램의 인기 있는 놀이를 차용하여 진행하자고 하며 더 의지를 내기도 하고요. 상담실에 오는 걸 꺼려하는 분들이 많은 부서원들에게는 오히려 상담실에 모두가 오게 하는 필수 프로그램을 진행하는 묘안으로 만나기도 합니다.

사실 이런 자발성은 꼭 기업상담실에서만 필요로 하는 건 아니겠죠. 개인의 리더십 역량으로 달리 표현해보자면 오너십(ownership)이나 주인의식과도 결을 같이 하는 것일 테니까요. 이러한 성향이 높은 분들은 어느 곳에서건 본인이 하는 일이 내가 원해서, 나한테 의미가 있어서 하는 일이냐가 중요할 테고 그게 충족되면 적극적으로 일을 하시겠지요.

그러다 보니, ―이 글에서 진짜 강조하고 싶었던 이야기는 지금부터입니다― 사실 이 자발성이 기업에서 근무하는 상담자에게 좋은 자질인 건 분명하나, 또 때로는 독이 되기도 합니다. 마치 양날의 검과 같달까요. 기업에선 상담자에게 상담자로서뿐 아니라 상당히 다양한 역할을 요구하는 경향이 있습니다. 강사, 프로그램 진행자, 리더십 코치, 자문가 등 등. 이러한 역할들이 상담심리라고 하는 전문성 아래 발휘되는 거면 어느 정도 괜찮은데요. 때로는 그 외의 역할이 요구되기도 합니다. 특히 상담자도 조직원(회사원)이기 때문에 해야 하는 일들이 여기에 주로 해당하겠지요.

이를 테면 상담자로서 일을 하는 데 크게 상관없는 교육을 들어야 하기도 하고요(예. 임원 지시사항으로 갑자기 생긴 ○○직무교육). 상담자이지만 어느 상위 부서에 속한 부서원으로서 그 부서 전체가 하는 일에 진행요원으로 동원되기도 합니다(예. 인사팀에서 하는 직원 대상 이벤트 행사에 도우미로 참여). 또 상담심리라고 하는 전문성 아래 어떻게 꾸역꾸역 넣어볼 수 있는 일이라 하더라도, 상사의 지시이기 때문에 혹은 상황상 급하게 주어진 일을 해야 하기도 하죠(예. 의미 없어 보이는 보고자료를 당장 오늘 퇴근 전까지 작성).

바로 이럴 때 자발성이 높은 분들은 상당한 내적 갈등을 겪을 수밖에 없습니다. 상담자라는 전문가로서의 프라이드가 강한 사람이라면 더더욱 그렇고요. '이걸 내가 왜 해야 하지?' 의구심이 생기고 '이거 할 시간에 저걸(나한테 의미 있는 일) 하는 게 더 나을 텐데' 짜증이 날 수밖에 없습니다. 그 일들을 '나의 일'로 능동적으로 치환시키기엔 뭔가 맥락도, 이유도 부족하니 그야말로 그냥 '시키니 해야 한다'는 것만 남아 어쩐지 자존심이 상해, 시작도 하기 싫고요. 기업상담자로서 빛을 발할 수 있는 긍정적인 자질이 이런 순간에는 발목을 잡는 부정적인 성향으로 돌변하게 되는 거죠. 거꾸로 크게 자발성이 중요치 않은 사람들은 아무래도 이런 순간에 크게 마음에 걸리적거리는 것 없이 스윽~ 하고 넘어가실 수 있습니다. '회사 생활이 다 그렇지 뭐~', '안 할 수도 없는데 별 수 있나', '기왕 해야 하는 거 스트레스 받지 말고 빨리 처리해서 털어버리자'

이런 마음으로 조금은 더 편안하게 옮겨지시는 거 같아요.

그래서, 기업상담에 관심 있는 분들이라면 혹은 이미 기업 현장에서 일을 하고 있지만 아직 정체성을 확립해가는 과정에 계신 분들이라면 본인의 '자발성'에 대해 한 번쯤 살펴보시는 것도 좋을 거 같아요. 나는 자발성이 높은 편인지 낮은 편인지, 일을 하는 데 자발성이란 가치가 얼마나 중요한지, 다른 가치들(예. 안정성, 동료와의 관계, 성장 가능성 등)과의 우선순위에서 어떠한지를 잘 가늠해볼 필요가 있습니다. 물론 자발성이 높고 그것이 중요한 가치라고 해서 혹은 반대인 경우라고 해서 기업상담자로 적합하다, 아니다를 말할 수 있다는 건 아니고요. 다만 특히 자발성이 높고 그에 대한 가치를 높게 여기는 분들이라면 앞서 말했듯 그것이 약이 되기도 하지만 독이 될 수도 있단 점을 알고 자발성이 침해받는다고 여겨지는 순간 자신을 어떻게 다스릴지에 대한 준비를 하면 좋겠다는 의미가 더 정확할 거 같습니다. 거꾸로 자발성이 낮고 그에 대한 가치가 우선순위상 아주 높지 않은 분들도 주어진 업무나 시켜서 해야 하는 업무에 대한 스트레스는 적겠지만 반대로 모호하게 '뭔가 아이디어를 내달라'거나 '주도적으로 기획을 해봐라'는 요청이 들어올 때 막상 아웃풋을 내놓는 데에는 한계를 느끼실 수도 있으니 이에 대해 염두에 두면 좋겠다는 의미이기도 하겠습니다.

결국 양날의 검은 어디에나 있는 거 같아요. 중요한 건 그 검을 다루는 자의 스킬에 있지 않을까 합니다.

핵심노트

- 기업에서 자발성은 좋은 씨앗이 돼요. 그런데 이게 발목을 잡을 수도?!
- 나의 장단점에 대한 이해를 바탕으로 스트레스 받지 않게 잘 다루는 게 중요해요.

내담자와 함께 세월을 보내고
성장을 확인할 수 있습니다

다른 글에서 기업상담의 주요한 특징 중에 하나로 바로 '끝이 없다'는 점을 말씀드린 적이 있습니다. 소위 상담관계에서의 완전한 종결이라는 게 불가능하다고요. 왜냐하면, 기업은 상담자에게도 내담자에게도 직장, 즉 밥벌이를 하는 일터이기 때문이죠. 자의로 그 일터를 떠나거나 타의로 떠나게 되지 않는 한, 꽤 오랜 기간을 다니는 것이 일반적입니다. 물론 최근에는 옛날처럼 평생직장의 개념도 사라졌고 꼭 직장에서의 월급만이 생존의 수단이 아니라 SNS나 유튜브 등 다양한 수입 창출의 수단과 기회들이 생겨나면서 이직이나 퇴사율도 꽤 높아진 게 사실입니다. 그럼에도 불구하고 여전히 직장이란 곳은, 안정성이 보장된다면 오래 다니고 싶다 혹은 오래 다녀야 한다는 인식 또한 여전히 강합니다. 그래서 공기업 등 정년보장이 가능한 직종에 대한 선호가 계속 하늘을 찌를 듯 높고, 직장에서 경력직을 채용할 때 역시 근속연수가 너무 짧거나 잦은 이직 이력을 보유한 사람은 꺼리게 되는 거겠지요.

이런 상황 속에서 특히나 기업상담 서비스를 제공하고 있는 한국의 기업들은 아직 대기업이 절대적으로 많습니다. 대기업은 공기업까진 아니더라도 어느 정도의 근속연수가 보장되다 보니 여전히 사람들의 선호도도 높죠. 예를 들어 '캠퍼스 잡앤조이'가 매출액 500대 기업 중 취업 준비생이 원하는 인기기업 300여 개를 대상으로 조사한 결과(2018년)를 바탕으로 대중적으로 많이 알려진 대기업의 평균 근속연수를 보면, 기아자동차 20.3년, KT 19.7년, 포스코 19.0년, 금호타이어 17.7년인 것으로 나타났습니다. 삼성전자와 LG전자가 2020년에 금융감독원 전자공시 시스템에 공시한 반기 보고서에 따르면 각각 12.3년, 12.0년인 것으로 나타났고요. 그러니까 상담실을 운영하고 있는 주요 기업들의 경우 대체로 직원들도 평균적으로 최소 10~15년가량은 그 직장을 계속 다닌다고 해도 무방하겠지요.

여기에 상담자 역시 그 직장에서의 상담실을 계속 다닌다는 전제하에 —물론 이게 기업별로 좀 천차만별이긴 합니다. 상담자를 계약직으로 1~2년 짧게 짧게 채용하는 곳도 있고 정규직 혹은 무기계약직의 형태로 한번 채용한 상담자를 지속고용하는 곳도 있어요— 상담자 역시 자의로 그 직장을 떠나거나 타의로 떠나게 되지 않는 한 직원들과 최소 10~15년가량은 계속 만나는 조건이 형성됩니다. 그러니 그 지속적인 만남의 가능성이 굉장히 낮은 다른 상담 세팅과는 분명히 구별되는 특징이 발생할 수밖에 없습니다. 입학과 졸업을 기점으로 주기적으로 내담자 층이 달라지는 학생상담과 다르고, 내담자가 재방문을 하지 않는 이상 만날 길이 거의 없는 사설상담과 또 다릅니다. 특히나 기업 내에 상담실이 상주해 있는 내부 모델에서는 내담자와 상담자가 한 공간에서 함께 10년 이상의 긴 세월을 지내는 거죠.

그래서 상담자도 그 기간 동안 나이 들고 변화하며 성숙해가듯, 내담자 또한 나이 들고 변화하며 성숙해갑니다. 그리고 그 과정을 확인할 수 있습니다. 멀리서 지켜볼 수도 있고 바로 내 눈앞에서 확인할 수도 있습니다. 이건 비단 그 내담자의 직급이 사원에서 대리, 대리에서 과장, 과장에서 부장이 되고 비혼이었다가 기혼이 되고 아이 부모가 되는 것만을 의미하는 것은 아닙니다. 내적인 측면의 성장 역시 포함합니다. 우울이나 불안으로 일상생활과 업무수행에 어려움을 많이 겪던 내담자가 그 시기를 잘 견디고 이겨내 누구보다 밝은 낯빛으로 회사를 다니면서 업무에서도 그 능력을 인정받아 리더로 성장한 모습을 보게 되는 거죠. 이러한 변화를 확인하는 것은 참으로 벅차고 기쁜 경험이 아닐 수 없고, 그럴 때 기업상담자로서의 보람과 뿌듯함은 정말 큰 거 같아요.

제가 경험한 사례로 이야기를 마무리하려 해요. (내담자와 관련되어 직접적인 정보에 해당하는 세부 내용은 전부 각색하였습니다) 예전에 저와 개인상담을 했던 친구가 있었습니다. 당시엔 저도 많이 미숙하고 어찌나 상담을 잘 못했던지 떠올리면 너무 부끄럽고 내담자에게 미안한 상담이었던 거 같아요. 그래서 당시 그 사례로 수퍼비전도 받았었는데 수퍼바이저나 참관하셨던 동료들이 지지적인 말씀들도 해주셨겠지만 그 기억은 하나도 안 나고 전적으로 제가 못했던 것만 생각이 나고요. 상담 종결 역시 내담자가 그냥 적당히 이전보다는 괜찮아졌지만 그렇다고 원했던 만큼의 편안함이나 변화를 충분히 경험하진 못해 서로가 좀 아쉬운 상태로 끝났다고만 제 기억에 입력이 되었어요.

그러다 그때로부터 거의 한 7~8년의 시간이 흐른 후엔가, 제가 속한 상담실에서 상담 후기 공모 이벤트를 한 적이 있었어요. 그때 그 내담자가 상담 후기를 작성하여 제출을 했더라고요. 그런데 그 후기에서 나타난 내담자의 상담에 대한 경험과 기억은 제가 어찌 보면 거의 '망했다'고 생각하는 것과는 상당히 달랐어요. 당시 상담 회기회기마다에서 제가 했던 말들 하나를 굉장히 구체적으로 기억하고 있었고, 그 상담을 마친 뒤에도 때로 힘들다고 여겨지는 순간이 오면 당시 상담 때 이야기 나눴던 걸 떠올리면서 위로를 얻고 기운을 다시 차릴 수 있었다며 고마움을 표시해주고 있었어요. 물론 이게 이벤트였기 때문에 좀 더 좋게 써줬을 가능성도 충분히 있지요. 그렇다 하더라도 장문의 글에서 느껴지는 내담자의 진심은 전해졌어요. 그리고 그것보다 더 중요한 건, 글 속에서 느껴지는 이 친구의 변화와 성숙이었어요. 입사한 지 얼마 안 되어 많은 것들이 버겁기만 했던 사회초년생이었던 그가, 8년에 가까운 세월을 거치면서 이제는 어엿한 직장인으로 자리매김해있었습니다. 가족에 대한 원망과 부담에 늘 침울해있던 그가, 이제는 과거에 대한 수용을 넘어 현재와 미래에 대한 기대감으로 일상에 집중할 줄 아는 멋진 사람이 되어 있던 거죠.

그래서, 저는 사실 상담에 대한 그의 긍정적인 평가는 엄밀히 말하면 정말 그 상담이 효과적이었다기보다는요. 상담에 대한 경험, 더 근본적으로는 그 시절의 자기 자신을 돌아보면서 자신에게 긍정적인 방향으로 의미를 찾아 정리해낼 수 있는 그의 '성숙'이 그런 평가를 이끌어냈다고 여겨집니다. 자신의 20대 초반을 의미 있게 돌아볼 줄 아는 20대 후반에 접어든 그의 해석이 말이지요. 이렇게 내담자와 함께 세월을 보내고 그의 성장을 확인할 수 있는 것, 상담자에게 그보다 더 의미 있고 행복한 일이 있을까요? 그로 인해 저의 별 볼일 없었던 상담도 꽤 괜찮았던 상담으로 변모할 수 있었으니 제겐 특히나 덤으로 감사한 일이 아닐까 싶습니다.

핵심노트

- 내담자와 함께 성장하는 상담가가 되어 봅시다.
- 처음 방문한 신입사원 내담자가 부하직원에게 상담을 권유하는 상사가 되기까지, 기업상담은 정말 끝이 없습니다.

상담실 밖에서도 상담을 합니다

보통 상담은, 상담실 안에서 상담자와 내담자가 만나 소파에 편안히 앉아 약 50분가량을 진행하는 것이 정석입니다. 조용하고 다른 외부 자극으로부터 독립적인 공간에서 편안함과 안전함을 느끼면서 최대한 상담자와 내담자 둘만의 대화, 그리고 비언어적인 행동 등에 집중을 하는 거죠.

기업상담이라고 이러한 정석대로의 상담을 진행하지 않는 것은 아닙니다. 다른 상담 세팅과 마찬가지로 이러한 형태의 상담을 가장 많이 하고 있지요. 다만, 기업상담에서는 이렇게 상담실 안에서 진행하는 형태에서 좀 벗어난 상담도 꽤 진행한다는 게 특징입니다. 그러니까 기업에선 상담실 밖에서 상담도 한다는 것입니다. 응? 상담실 밖에서 상담을 한다고? 어떻게? 의아하고 궁금하시죠? 그 얘길 좀 해보겠습니다.

첫 번째로 상담실 밖에서 하는 상담의 가장 뚜렷한 형태는 바로 메신저를 이용한 채팅 상담입니다. 보통의 회사들에서는 직원들 간 업무 소통이나 의사결정을 원활하게, 그리고 신속하게 하기 위해 사내 메신저를 활용하고 있습니다. 그리고 이 메신저는 굉장히 활용도가 높지요. 불필요한 회의를 줄이자, 부하가 상사에게 찾아가서 대면 보고를 하는 수직적인 문화에서 탈피하자, 등등 시대의 흐름에 맞게 점차 온라인을 활용한 업무 진행이 확산되었기 때문은 물론이거니와 2020년 이후에는 코로나로 인한 대면 접촉이 제한되다 보니 온라인을 활용한 업무 진행이 폭발적으로 확산되었다 해도 과언이 아닐 것입니다.

이러한 추세 속에서 기업상담실 역시 예외는 아닙니다. 업무 중에 상담실에 다녀오겠다고 말하기 싫거나 곤란한 분, 내가 상담받으러 다니는 티를 전혀 내고 싶지 않은 분, 코로나로 인해 상담자와 직접 만나 좁은 공간에서 얼굴을 맞대고 이야기하기 꺼려지는 분, 자기 자리에서 일을 하고 있던 중에 너무 감정 조절이 안 되어 지금 당장 이야기를 나누고 싶은 분, 상담실 가기까지는 시간도 마음도 여유가 없는 분 등등 다양한 이유에서 상담자와의 메신저를 이용한 상담은, 직원분들에게 굉장히 편리하고 어떤 면에선 유리합니다. 상담실로 왔다 갔다 하는 시간을 절약할 수 있고 그 시간 동안 자리를 비우지 않아도 되고, 자신이 상담을 하고 있다는 사실을 아무도 모르게 할 수 있는 거죠.

그렇다면 이런 메신저 상담을 보통 대면 상담처럼 정석으로 50분 하느냐, 그건 아닐 수 있습니다. 업무 중에 1시간 가까이를 메신저로 상담자와 대화만 하고 있기란 사실 쉽지 않죠. 그 사이에 내담자에게 다른 전화가 올 수도 있고, 누군가 찾아올 수도 있고, 긴급 이메일이 와서 대응을 해야 할 수도 있으니까요. 그러니까 보통 이러한 메신저 상담은 50분보다는 짧게, 보통은 10분~30분 이내로 진행되는 것 같습니다. 그렇다고 이것이 상담이 아니다? 그렇게 얘기하긴 어려울 거 같아요. 시간이 중요한 게 아니라, 결국 내담자가 상담자와 안전하게 만나는 것. 그리고 내담자가 그것을 상담으로 느낀다는 게 더 중요할 테니까요.

　두 번째로 상담실 밖에서 진행되는 상담으로는 전화나 화상상담, 찾아가는 상담이 있습니다. 전화상담이야 사실 다른 상담 세팅에서도 많이 활용되는 거고 화상상담 역시 코로나 이후 비대면 상담의 매체로 증가하고 있기 때문에 기업상담만의 특성으로 이야기하기는 뚜렷하지 않아, 찾아가는 상담이 더 이야기할 가치가 있을 거 같아요. 찾아가는 상담은, 말 그대로 상담자가 내담자 있는 곳으로 찾아가서 그곳에서 상담을 진행하는 것을 의미합니다. 즉, 상담실이라는 공간 외에 내담자가 근무하는 곳에 위치한 회의실이나 휴게실 등에서도 상담이 진행될 수 있다는 것이지요. 그런 곳은 상담실처럼 독립적이고 안전하진 않다는 단점이 있습니다. 회사에서 직원들이 개인적으로 사용할 수 있는 1인 공간이란 건 대체로 ─임원급이 아닌 이상─ 없으니까요. 그래서 회의실이든 휴게실이든 어떤 때는 직원들이 왔다 갔다 하는 것을 감안해야 할 수도 있고, 어떤 때는 누군가 문을 벌컥 열고 들어오는 것을 감안해야 할 수도 있습니다. 그런데도 상담을 해야 할 때? 그게 언제인지 궁금하실 거 같아요. 대체로 이런 때입니다. 내담자가 너무 힘들고 위급하여 상담실로 올 여력조차 안 될 때(예. 일하던 중 공황증세가 나타났을 때), 부서에서 요청이 왔을 때(예. 몇 달간 많은 업무량으로 고생한 A부서에서 스트레스 해소 프로그램을 진행하고자 사전 상담을 할 때), 상담실에서 적극적으로 찾아가는 프로그램을 할 때(예. 교대근무로 상담실로 먼저 찾아오기 어려운 사원들을 위해 상담실 홍보를 할 때) 등입니다.

　찾아가는 상담은 사전에 조율이 되었다면 시간적인 안정성은 확보된다는 장점이 있습니다. 그리고 다수의 내담자들을 만나야 할 때 상호 편의성도 높지요. 상담을 받으시는 분들도 '우리 부서 모두가 한다'는 점에서 더 자연스럽고, 개인의 노출에 대한 걱정도 덜 하시는 장점이 있어요. 반대로 공간의 안정성이 떨어진다는 점을 감안해야 하고, 비밀보장에 대해 사전에 더 구조화를 잘 해야 할 필요성이 있습니다. 그렇지 않으면 자칫 부서원들은 '상담결과가 부서장에게 알려진다'는 우려, 부서장은 '당연히 상담결과를 나한테 알려줘야 한다'는 기대를 가질 수 있기 때문입니다.

상담실 밖에서도 이렇게 다채로운 상담을 할 수 있다는 점이 어떻게 느껴지시나요? 정통 상담방식과 다르긴 해도 직원들을 만나 상담을 할 수 있는 접점을 마련하는 기회, 상담을 받는 내담자 입장에서 편리하고 그렇게라도 도움을 받으신다면 꽤 매력적인 방법이겠다는 생각이 드시나요? 그렇다면 여러분은 기업상담과 꽤 잘 어울리는 상담자이실 거예요!

핵심노트

• 대면 상담만을 고집하기보다는 다양한 방법도 활용할 수 있어야 해요.
• 상담자가 먼저 찾아가는 상담, 청소년들에게만 유용한 것이 아니에요.
  직장에서도 가능하답니다.

PART 03

이럴 땐 이렇게!

다중관계

　지금부터는 기업상담자로 일하면서 맞닥뜨리게 되는 곤란한 상황들, 그리고 그에 대해 어떻게 대처하면 좋을지에 대해 조금이나마 도움이 될 안내를 해보고자 합니다. 우선 기업상담을 시작하시는 분들이 가장 당황하게 되는 것 중 하나가 바로 '다중관계' 문제입니다. 그 어느 상담 세팅보다 다중관계가 빈번하게 발생하거든요.

　이런 상황을 예로 들어보겠습니다. 직원들의 교육을 담당하는 부서는 상담실과 꽤 빈번하게 교류를 하게 되는 곳입니다. 상담자에게 강의를 요청하기도 하고, 거꾸로 상담자가 문의를 하게 될 때도 많습니다. 그런 데다 어느 날 임원의 지시사항으로 교육부서와 상담실이 T/F팀으로 묶여 새로운 교육과정 개발을 하게 되었습니다. A상담자와 B대리는 자주 연락을 하게 되고 며칠, 경우에 따라선 몇 달을 함께 일하게 됩니다. 자연스레 식사도 같이 하고 차도 한 잔씩 하면서 서로의 가족 얘기, 요즘 고민도 나누게 되었지요. T/F팀의 일이 잘 안 풀릴 땐 상사 욕도 하면서 스트레스와 긴장을 풀기도 했겠지요. 그러던 어느 날, B대리가 불쑥

상담을 신청해왔다면?

 거꾸로 이런 경우도 있습니다. 상담자 A와 1년가량 부부갈등을 이슈로 상담을 하고 있는 C부장이 있습니다. 그런데 상담자 A가 속한 상담실이 최근 조직문화팀으로 소속이 변경이 되었습니다. C부장님은 이 조직문화팀을 이끄는 팀장입니다. 물론 상담실은 독립적으로 기능을 하지만 상담자 A도 조직문화팀의 소속 구성원이 되었으니 C부장님으로부터 업무 평가를 받게 됩니다. 이의 일환으로 상담자 A는 매월 C부장님에게 상담 비밀 보장에 위배되지 않는 범위의 상담실 활동에 대해서는 요약 보고를 해야 합니다. 그러나 아직 C부장님과의 상담은 더 지속되어야 한다면?

 꽤 극단적인 예로 생각되실 수도 있겠지만, 기업에선 상당히 흔히 발생하는 예들입니다. 이렇게 업무로 알고 지내던 사람이 상담을 신청하는 경우, 거꾸로 상담을 하고 있는 혹은 종결한 내담자와 다른 업무로 다시 얽히게 되는 경우, 더 나아가 상담을 하는 내담자들 간에 서로 알고 있는 경우도 있습니다. 이를테면 상담자 A가 개발팀의 D사원과 상담을 하고 있고, 이 D사원의 주호소문제가 현재 같은 팀에서 일하고 있는 F사원과의 갈등이라고 합시다. 그런데 어느 날, 누군가 상담을 신청해왔습니다. 그와 접수면접을 하던 A 상담자는 '어라, 이분도 개발팀인데다 어디서 많이 듣던 장면인데?' 하는 느낌을 가지게 됩니다. 알고 보니 이 사람이 바로 F사원이었던 거죠. 그렇다면?

 네. 이 모든 상황들은 명백하게 다중관계에 해당합니다. 그리고 다중관계는 피하는 게 원칙이죠. 그런데 위와 같은 상황들이 빈번하게 발생한다고 말씀드렸습니다. 과연 그때마다 100% 피하는 게 가능할까요? 상담자가 2명 이상이라 그나마 서로에게 리퍼(refer)할 수 있다면 낫겠지만, 만약에 상담자가 1명밖에 없다면요? 물론 사외 상담센터를 소개해주는 방법도 있습니다. 그런데 그 직원분이 강하게 거부하고 회사에서 상담을 받고 싶다고 한다면요? 이렇게 다중관계를 피하려 해도 피해지지 않는 상황 역시 발생하게 됩니다. 즉, 다중관계임에도 불구하고 상담관계를 형성 또는 유지해야 하는 상황인 거죠. 왜? 회사이기 때문입니다.

기업은 다른 상담 세팅과 다르게 그 잠재적 내담자들이 꽤 고정적이고 상담자와 어떻게든 만나게 되는 기회가 많다는 특징이 있습니다. 자주 말씀드려 왔듯, 학교처럼 입학과 졸업으로 학생들이 주기적으로 바뀌지 않고요. 자발적으로 돈을 지불하며 온 고객이 상담이 종료되면 다시 올 일이 드문 사설 상담과도 다릅니다. 여기선 어제 만난 직원을 1년 뒤나 5년 뒤에도 또 만날 가능성이 더 큽니다. 상담자도 직원이니 같은 공간(회의실, 교육장, 식당, 화장실, 사내 복지시설 등)을 사용하게 되고 같은 일(모두가 듣는 교육의 입과, 임원 지시사항으로 해야 하는 비상담적 업무 수행, 피평가 면담 등)을 하게 됩니다. 그러니 상담자-내담자 관계로 만난 직원과 다른 업무적 관계로 만날 일도, 거꾸로 업무적 관계로 만났었던 직원과 다시 상담자-내담자 관계로 만날 일도 생길 수밖에 없습니다.

게다가 대체로 직원 수에 비해 상담자 수는 적죠. 몇천 명 규모가 되는 큰 대기업이라 해도 많아 봐야 상담자 수는 3~4명이거든요. 그러니 다중관계가 발생했을 때 상담자들끼리 사례 배정이나 상호 리퍼로 예방하고 해결할 수 있는 폭 또한 상대적으로 크지 않아요. 사외 상담센터로 안내하는 방법 역시 그렇게 간단치 않습니다. 직원들이 회사에 있는 상담실을 이용하는 가장 큰 장점이 뭘까요? 바로 접근성이 좋고(근무 중 가능하니, 상담을 받기 위해 따로 시간을 내지 않아도 되고 가까이에 있어 찾아가기 좋음), 경제적이기 때문이죠(무료). 이러한 이점을 버리고 굳이 다른 시간과 발품을 들여, 그것도 꽤 많은 돈을 지불하며 외부 상담실을 찾기란 쉽지 않죠.

그러니 다중관계에 대처하는 기업상담자의 자세란, 우선 "다중관계라 무조건 안 된다"여서는 곤란하고요. 기업에서 다중관계는 빈번하게 발생할 수밖에 없다는 사실을 상담자가 인정하고 수용하는 것이 필요합니다. 경직되지 않게요. 그리고 나서 다중관계로 인해 발생하는 문제를 전문가인 내가 잘 다루겠다는 적극적인 책임감과 적절한 대처능력이 필요합니다. 즉, '다중관계임에도 피할 수 없는 상황이라면, 내담자에게 도움이 되는 상담이 되도록' 최선을 다하는 수밖에 없습니다. 이럴 때 많은 기업상담자들이 실제 활용하는 방법들은 아래와 같습니다.

- 상담에서 다중관계 다루기(재구조화): 직원(내담자)에게 다중관계에 대해 개방적으로 설명하고 한계에 대해 미리 이야기합니다. 상담을 지속할지 선택하게끔 물어보고 그럼에도 상담을 지속하겠다고 한다면 이후에 발생할 수 있는 문제에 대해서도 이야기하고 협조를 구합니다. 상담을 지속해가는 중에 이로 인해 불편해지는 순간이 발생하면 함께 이야기 나눌 것을 약속하고 수면 위에서 이를 함께 다룹니다.
- 내담자에게 초점 맞추기(지금-여기): 최대한 상담자의 객관성과 중립성을 유지하려 노력하면서 지금 상담받고 있는 내담자에게 온전히 집중하고자 노력합니다.
- 다중관계를 활용하기(자원활용): 다중관계로 얻을 정보나 배경지식 (예. 이미 알고 있던 내담자의 업무스타일, 부서 내 역할 등)을 오히려 내담자를 위한 이해와 공감의 기회가 확대된 것으로 여기고 이를 적극적으로 활용합니다.
- 수퍼비전 받기(자기관리): 다중관계를 잘 다룰 자신이 없을 때, 혹은

다중관계를 잘 다루면서 상담을 하고 있는지 궁금할 때는 바로 다른 전문가에게 도움을 요청하여 점검합니다.

핵심노트

- 다중관계는 기업상담에서 꽤 빈번하게 일어난다는 것부터 이해해야 합니다. 대처역량을 키워야 해요.
- 다양한 다중관계 시나리오를 간접 경험해보고, 시뮬레이션 해보기.

상담을 연계해준 상사나 동료의 궁금증

　기업상담실에서 근무하다 보면 이런 경우들이 종종 생깁니다. "우리 부서원 중에 지금 너무 힘들어하는 친구가 있어서 상담을 받아보라고 했어요, 아마 오늘 연락을 할 거예요", "어제 동료와 술 한 잔 했거든요. 이런저런 얘기를 듣는데 그분이 생각보다 상황이 안 좋고 혼자 자취하면서 술도 많이 먹는다고 해서 좀 걱정이 되어서요, 상담 좀 해주세요"

　같은 부서에서 근무하는 혹은 같은 부서는 아니더라도 회사에서 알고 지내는 사이인 동료 또는 상사가 상담실로 연계를 해주는 경우입니다. 우선 이렇게 같이 일하는 동료(선후배 포함)에 대해 관심을 가지고 걱정되는 마음에 상담실로 연계를 해주신다는 것 자체가 굉장히 감사한 일이죠. 다들 자기 사는 게 바쁘고, 직장에서의 관계란 그저 거리 두면 좋을 형식적인 관계나 경쟁 관계로만 치부한다면 이렇게 걱정하는 마음 자체도 생기기 어려울 테니까요. 게다가 이렇게 심리적인 측면에서 곤란이 발생했을 때 전문적인 도움을 받을 만한 곳으로 상담실을 떠올려

연락을 취해주셨다는 것도 상담실 입장에선 너무 고마운 분들입니다.

그런데 문제는 이제 그 다음입니다. 이분들이 좋은 마음으로 상담을 연계해주신 것까지는 좋은데 그 다음을 궁금해하면서 물어보시는 경우가 있거든요. "그 아무개 사원 상담실 갔지요? 대체 지금 상태가 어떤 건가요?", "홍길동 씨 괜찮은 건가요?" 등등, 사실 어찌 보면 연계를 해주신 당사자들 입장에선 과연 어떻게 일이 진행되고 있는지 이후 과정이 궁금한 건 당연합니다. 그런데 상담이란 비밀 보장을 원칙으로 하는 것이기 때문에 여기서 어떻게 보면 충돌, 즉 정보를 알고 싶어 하는 자와 정보를 주지 못하는 자와의 갈등이라면 갈등이 생길 수 있는 거죠. 제가 충돌과 갈등이라는 단어를 쓰긴 했지만, 다행스럽게도 대부분은 이럴 때 상담 비밀 보장의 원칙에 대해 설명을 하고 양해를 구하면 이해를 해주시고요, 한 발 뒤로 물러서주시곤 합니다. "그래, 비밀 보장을 해줘야겠네, 상담실에서 어련히 알아서 잘 챙겨주겠지" 이렇게요.

그런데 일부는 이걸 받아들이기 어려워하시기도 합니다. "내가 부서장인데 부서원 상태를 알고 있어야 하지 않겠냐", "상담받겠다고 했는데 상담을 받고 있는지 정도는 알 수 있는 거 아니냐", "지금 그 친구 상태가 위험해 보이는데 과연 일을 시킬 수 있는 거냐", "홍길동 씨 때문에 지금 다른 사람들도 힘들어하고 있다. 이건 팀의 문제이니 알아야 조치를 취하지 않겠냐" 등등 이유는 다양합니다. 이럴 때 무조건 안 된다는 입장만을 고수하다가는 정말 충돌과 갈등으로 점화되기 쉽죠. 게다가 이렇게 정보를 요청하시는 분들도 어떻게 보면 상담실 입장에선 잠재적 내담자이거나 상담실 운영에 있어 중요한 오피니언 리더(opinion leader)일 수 있기 때문에 우호적인 관계를 잘 유지하는 것이 상당히 중요합니다. 그래서 이럴 때도 어느 정도는 지혜를 발휘하여 유연하게 대응하는 것이 필요하죠. 상황에 맞게 단계별로 이런 방법들을 써보시는 것이 가능합니다.

첫째, 당연히 상담 비밀 보장 규정에 대해 구조화를 해야 합니다. 상담이라는 게 어느 누가 요청한다고 해서 그 정보를 줄 수는 없다는 사실을 분명하게 알려드려야 해요. 그래야 이분들도 처음엔 거절당하는 느낌에 거부감이 드시더라도, 조금 시간이 지나면 '이곳은 진짜로 비밀보장을 하는구나'의 신뢰감을 가지실 수 있습니다. 그래서 나중에 그런 말씀들을 하시는 경우가 많아요. "사실 처음엔 좀 기분 나빴는데 나중에 막상 내가 가고 싶다는 마음이 들 때 보니 오히려 안심이 되더라" 이런 거죠.

둘째, 무엇보다 본인에게 직접 확인을 해보시는 것이 가장 좋다고 넌지시 권유를 해드립니다. 기업상담은 성인들을 대상으로 하는 곳입니다. 따라서 자기 결정권이 그 어느 곳보다 있으신 분들이죠. 특히나 직접 상담 연계를 해주실 정도라면 그 관계상 어느 정도 유대감이 형성되어 있다고 볼 수 있습니다. 상하관계든 동료관계든 적어도 안부나 근황을 물을 수 있는 거죠. 그러니 본질적으론 결국 그가 걱정되는 마음에서 궁금해하시는 거라는 점을 잘 짚어드리면서, 직접 확인해보시는 것이 지금 그분에게도 도움이 될 거라고 돌려드리면 좋습니다. "요즘 어떠냐, 상담받고 있냐~ 걱정되어 물어본다. 내가 도울 건 없냐~" 이렇게 물어보시면 받아들이시는 분들도 오히려 고마워하는 경우가 더 많다고 말씀드려 주세요.

셋째, 정보공유가 필요한 또는 불가피한 경우가 있을 수 있습니다. 이를테면 회사에서 사건사고 등으로 연루되어 이미 노출이 되었거나(예. 동료와 사무실에서 크게 말다툼을 하다가 거친 행동을 하게 되어 상담실로 연계됨), 자신이나 타인에 대한 상해 위험성이 있는 경우에는(예. 집에서 자해 시도를 했다는 게 알려져 상담실로 오게 됨) 상담실 방문 여부나 현재의 심리적 상태에 대해 소속 부서나 관련 부서에 알려주는 것이 마땅합니다. 이럴 때는 당연히 내담자의 동의를 구하고 정보를 제공해주면 됩니다. 아예 연계되어 오신 내담자와의 첫 회기 때부터 이 정보 공유에 대해 내담자와 직접 합의를 하시는 것이 좋습니다. "홍길동 씨는 어떠어떠한 일로 상담을 받게 된 터라, 부서장님이 관심 갖고 궁금해할 수밖에 없어요. 상담을 잘 받고 있는지, 현재 어떤 상태인지 상담실의 소견을 물어올 거예요. 어떤 이야기를 하는 게 좋을지 같이 내용을 정해 봐요" 이렇게 아예 제공해줄 정보의 내용(주제, 정도나 수위, 수준 등)을 구체적인 워딩까지 확인하는 것이 좋습니다.

제 경험상 이런 과정을 통해 내담자들은 상담자를 더 신뢰하게 되는 거 같아요. 내담자들은 조직의 생리를 상담자보다 더 잘 아는 분들입니다. 따라서 회사에서 자신을 둘러싸고 어떤 일이 벌어지고 있는지 누구보다 잘 알고 있고, 더 촉각이 곤두세워져 있으며, 상담실로 공식적으로 연계되었을 때 당연히 회사의 누구든 궁금해할 수밖에 없음도 이해하고 있습니다. 이럴 때, 상담자가 아예 그 이슈에 대해 언급조차 하지 않거나 원칙적인 비밀 보장 이야기만 한다면 되려 직원 입장에선 신뢰가 생기기 어렵습니다.

그러니 이런 상황에 대해서 솔직하게 내담자와 상의하고 해답을 같이 구하며 비밀 보장을 이렇게 지키려 한다는 상담자의 태도는 내담자로 하여금 더 안심하게 합니다. 안심한 내담자는 상담자를 믿고 더 개방적이 되기 때문에 '이 상담이 과연 나에게 안전할까'의 의구심과 싸우면서 에너지를 소모하는 대신에, 좀 더 초점화된 목표 의식을 가지고 용기 있게 자신의 현재 상황을 해결해보려는 데 집중할 수 있게 되는 거죠. 그러니 이럴 때는 내담자와 합의된 워딩으로 정보를 주는 것이 더 이로울 수 있습니다.

마지막으로 여기서 중요한 점. 이때 역시 정보를 제공받는 쪽(부서장 또는 유관부서)에 지금 공유하는 내용이 '내담자와 합의한 내용'임을 반드시 짚어줘야 합니다. 이걸 놓치면 자칫 상담실에선 이런 경우 정보를 제공해주는 곳으로, 혹은 요청하면 정보 제공이 가능한 곳으로 오해하시기 쉽거든요. 그러니 분명하게 짚어 말씀해주시면서, 내담자와 합의된 수준의 내용을 공유해주고 특히 마무리는 그분을 위해 당신이 무엇을 해줄지에 대한 이야기로 하시는 것이 가장 좋습니다. 예를 들어, 부서장이라면 "홍길동 씨에게 당분간 새로운 과제는 안 시키는 것이 좋겠다. 시간이 걸릴 수밖에 없는 상황이니 한 달은 지켜봐달라" 등등 내담자의 안정적 회복이라는 목표달성을 위해 상사 또는 동료 입장에서 어떻게 해야 하는지에 대해 코칭을 해주시는 겁니다. 아까도 말씀드렸듯, 결국 그분들 역시 내담자가 '걱정되는 마음'인 거죠. 그 마음을 알아봐주시고 그 마음을 해결할 수 있는 아주 구체적인, 일하는 공간에서 할 수 있는 소소하지만 반드시 필요한 도움제공 방법을 알려주시면 내담자와 상사 동료 모두에게 윈-윈(win-win)일 것입니다.

- 내담자와 비밀 보장 이슈 다루기는 상담자의 신뢰를 더 상승하게 하는 계기가 되기도 해요.
- 임직원이라면 누구든, 언제든 여러분의 내담자가 될 수 있어요!

상담실 담당자와의 협업

  보통 기업상담실에는 담당자가 있습니다. 상담실이 기능하는 데 필요한 행정 지원이나 물질적 지원을 해주기도 하고요, 거꾸로 상담실에서 어떤 걸 해주면 좋겠다는 요청사항을 전달하기도 하지요. 기업마다 상담실이 어느 부서 소속으로 어떠한 형태로 존재하느냐에 따라 그 담당자의 직급이나 업무 범위, 결정 권한 등에서 조금씩 차이는 있을지언정 이런 담당자가 없는 상담실은 드뭅니다. 따라서 기업상담실에서 근무를 하게 된다면, 상담실 담당자와의 협업은 거의 필수적인 업무 중에 하나가 됩니다. 그렇다면 이런 담당자와의 협업을 어떻게 해야 하느냐, 이 부분에 대해서 짚어보고자 합니다.

  간단하게 생각하면 그냥 잘 지내면 되지, 이렇게 여길 수 있겠지만 생각보다 그 '잘 지낸다'는 게 그리 쉽지만은 않은 거 같아요. 일단 상담실의 기능에 대한 시각이나 직원들의 마음관리에 대한 가치관에 차이가 있고 그렇기 때문에 경우에 따라선 갈등과 의견 충돌이 발생하기 때문입니다. 보통 상담자들은 상담실 운영에 있어 전문성과 독립성을 매우 중요시 여깁니다. 반면에 담당자는, 상담실 역시 여러 부서 중에 하나로 조직에 포함된 일부로 여기는 경우가 많습니다. 상담자들은 직원들의 마음관리에 있어서 기본적으로 성장과 변화 가능성을 우선시하며 개개인별로 충분한 시간을 들여 회복을 조력하는 것이 필요하다고 봅니다. 반면에 담당자는 직원들의 마음관리는 엄밀히 말하면 스스로 해야 하는 것인데 회사에서 그 이상의 서비스를 제공하는 것이니 가능한 빨리 회복되어야 하고 고르게 그 형평성이 가야 하는 게 맞다고 보는 경향이 있습니다. 또한, 상담자들은 상담실을 찾아오는 직원분들의 비밀보장 윤리를 가장 중요하게 여깁니다. 반면에 담당자는 사건사고나 문제가 발생하는 것을 예방하는 게 가장 중요하기 때문에 때에 따라선 내담자의 정보도 공유받길 원합니다.

이런 몇 가지 예를 통해서도 알 수 있듯, 상담자와 담당자 사이에 발생할 수 있는 간극이 예상되시지요? 그러니 평소 협업하는 과정에서 이 간극을 잘 좁힐 수 있는 소통이 굉장히 중요해지는데요. 일반적으로 소통을 잘하는 게 중요하단 얘기는 너무 원칙적인 말인지라 생략하고, 제가 지금까지의 경험으로 터득하게 된 요령이라면 요령을 말씀드리자면, 담당자가 가질 수 있는 '불안'을 잘 다뤄줄 때 이 소통이 원활해진다는 사실입니다.

보통 상담실 담당자가 가질 수 있는 불안은 두 가지로 추려지는 것 같습니다. 첫째, 자신이 담당자로 있는 상담실에서 어떤 문제가 발생하여 그것이 자신의 책임으로 돌아오지 않을까에 대한 불안입니다. 둘째, 자신이 직접 실행할 수 없고, 하지 않기에, 그 실행 여하를 지켜봐야 하는 데서 오는 불안입니다. 첫 번째의 불안은 어떠한 역할을 수행하는 사람이라면 누구나 가질 수 있는 불안일 수 있으니 긴 설명이 없어도 될 거 같습니다. 그러니 자기가 담당하는 조직이나 업무가 어떠한 사건

사고로 이슈화되는 일 없이 무난했으면 하는 담당자의 바람을, 당연하다 여겨주고 사건사고가 미연에 방지되었으면 좋겠다 또는 사건사고가 이미 벌어졌을 때 잘 수습되었으면 좋겠다는 욕구를 충족시켜 주는 방향에서 합리적인 결정을 같이 하면 됩니다.

두 번째의 불안이 조금 더 주의가 필요한 것인데요. 이건 한마디로 상담실의 업무가 대체로 상담자만 할 수 있는 전문성이 있다는 데에서 기인합니다. 결국 상담실의 주요 업무는 심리검사나 개인/가족/집단상담, 관련된 교육이나 프로그램 개발이나 운영, 직원들 대상의 홍보 활동이라고 볼 수 있는데요. 특히 가장 주요 업무라 할 수 있는 심리검사나 상담, 그리고 교육 개발이나 강의는 누가 대체할 수 있는 영역이 아닙니다. 결국 상담자만이 할 수 있는 영역이지요. 이를테면 회사에 불만이 높아 사장님을 직접 만나봐야겠다고 사무실에서 소란을 피운 직원이 있다고 합시다. 그 직원을 어떻게 어르고 달래 상담실로 데려와 상담을 받게 할 수는 있겠지요. 그러나 딱 거기까지가 담당자가 할 수 있는 영역입니다. 그 직원을 만나 심리검사를 하고 상담으로 이야기를 나누는 건 상담자만이 할 수 있고 상담자가 어떻게 하느냐, 어떻게 판단하느냐의 소견을 담당자로선 기다릴 수밖에 없지요.

경영진으로부터 상담실에서 40대 기혼 남성들을 위한 마음관리 활동을 해줬으면 좋겠다는 지시사항을 받게 되면 그걸 해야 한다고 전달하는 것까지가 담당자가 할 수 있는 영역입니다. 과연 어떤 주제로 어떤 내용을 담아 교육이나 프로그램을 진행할지는 상담자가 할 수 있지요. 그걸 실행하는 것 역시 상담자이고요. 담당자가 희망하는 A라는 방향이 있을지언정 그게 그대로 구현되지 않을 수 있습니다. 상담자는 B라는 방향이 더 낫다고 판단할 수도 있으니까요. 즉, 담당자는 실행의 주체가 아니란 점, 그렇다고 상담자-담당자의 관계가 자신의 요구를 100% 마구잡이로 관철시킬 수 있는 상하관계가 아니란 점(상담자가 전문직이라는 점에서 표면적으로나마 일반 부서의 상하관계에 비해 존중해주고 조심해주는 경향이 있는 것 같아요), 더욱이 그 컨텐츠 자체가 자신은 모르는 전문 영역이라는 점에서 당연히 그는 불안을 안고 있을 수밖에 없는 것이지요.

따라서 이런 담당자의 불안을 잘 다뤄주기 위해서는, 내담자 정보보호에 위반되지 않는 범위란 전제하에, 상담자로서 구상하고 있는 계획이나 실무 방향, 혹은 진행되고 있는 게 있다면 어떻게 진행되고 있는지의 과정 등에 대해 조금은 친절하게 설명해주시는 걸 추천해드리고 싶습니다. 물어볼 때까지 기다렸다가 설명해주는 방법도 있겠지만, 경우에 따라선 (담당자가 느낄 만한 불안이 높은 사안이라면) 묻기 전에 먼저 설명해주는 것도 괜찮고요. 아무래도 이렇게 하는 게 번거롭게 여겨질 순 있겠지만 이런 대처가 반복되면 담당자의 상담자에 대한 신뢰가 더 높아지는 거 같습니다. 즉, '무슨 일이 생기면 당연히 먼저 얘기해주겠지' 하면서 담당자도 불안을 내려놓고 기다리는 인내를 발휘할 수 있달까요?

적당한 요령은, 협업을 훨씬 수월하게 하면서 불필요한 에너지 소모를 막아주어 결과를 더 아름답게 만들어주기도 하는 거 같습니다.

핵심노트

- 상담실 담당자와 상담자 간의 우호적 관계 형성은 매우 중요합니다.
- 담당자가 가질 수 있는 업무적인 불안을 민감하게 알아차리고 가능한 범위에서 관리해주세요.

CHAPTER

04

정체성에 혼란이 올 때

회사마다 문화가 다르니 정도의 차이가 있긴 하겠지만, 내부 모델을 취하고 있는 기업상담에 첫발을 내딛은 초심자들이 많이 하는 고민이 있습니다. "내가 전문가인가 아니면 그냥 인사팀 직원인가?", 아니면 "내가 이런 일을 하려고 상담자가 되었던가?" 한마디로 정체성의 혼란입니다. 이런 고민은, 상담자 스스로 기대했던 혹은 규정하고 있는 상담자로서의 업무 외에 다른 걸 요청받게 되었을 때 생기게 됩니다. 대체로 두 가지 경우인 것 같아요. 첫째, 인사 부서에서 할 만한 업무를 하게 될 때, 둘째, 일반 직원들과 별반 다를 바 없는 업무를 하게 될 때입니다.

상담자마다 조금씩 다를 순 있겠지만 이 중에서 초심자를 더 혼란스럽게 하는 건 첫 번째인 것 같습니다. 인사 부서는 쉽게 말해 직원들이 업무에 집중할 수 있는 각종 제도나 환경을 조성해주고 지원해줌으로써 기업의 성장이나 이윤창출에 기여하는 목적을 가지고 있는 곳입니다. 채용이나 교육, 근태나 평가/보상, 직원고충관리, 조직문화 등의 업무가 포함됩니다. 이 중 특히 직원고충관리 업무에서 상담실과의 접점이 발생하는데요. 노경 또는 노사 업무라 표현되기도 하는 거 같아요. 여기서 주로 하는 일이 직원들이 회사에서 겪게 되는 고충을 해결해주는 것인데요. 회사의 입맛에 맞는 표현으로 하자면 직원들이 연루될 수 있는 사건사고 예방이라 해도 무방합니다. 이를테면, 직장 내 성희롱이나 괴롭힘, 다툼이나 폭력, 과다 근무, 각종 불만 등이 해당할 수 있겠죠.

다른 글에서도 언급한 적 있지만 기업에서 내부에 상담실을 운영하는 목적 역시 '사건사고 예방'인 경우가 상당히 많습니다. 앞서 노사 업무의 예로 말씀드렸던 것과 연관 지어 설명드리자면, 직장 내 성희롱 피해자가 더 큰 심리적 내상을 겪지 않고 업무에 집중할 수 있도록 마음관리를 해주는 것, 상사에 대한 분노감정을 많이 느끼는 부하직원이 혹시라도 상사에 대한 부적절한 행동을 해서 개인적인 손해를 입거나 부서 전체 분위기에 안 좋은 영향을 끼치지 않도록 감정조절을 도와주는 것, 야근을 너무 많이 해서 가정에서의 갈등이 자꾸 생기는 직원이 그로 인해 생산성이 떨어지지 않도록 스트레스를 관리해주는 것 등이 해당할 것입니다.

그러다 보니 회사에선 결국 노사업무든 상담업무는 크게 보면 직원들의 고충관리라는 차원에서 같다고 보고, 가끔 그 경계가 모호한 일을 상담자에게도 요청할 때가 생깁니다. 이를테면 성희롱 피해를 겪은 A사원이 출근을 못 하고 집에서 힘들어하고 있다는데 상담자가 집에 가서 좀 괜찮은지 봐달라, B라는 부서장을 직장 내 괴롭힘으로 신고한 E사원이 평소 품평이 좋지 많아 신뢰할 수가 없는데 상담자가 한번 먼저 만나보고 심리상태가 어떤지 판단을 좀 해달라, 이런 경우들이 있을 수 있는 거예요. 어떠신가요. 여러분의 생각은? 뭐 그런 걸 상담자더러 하라 그러냐고 황당하게 보실 수도 있고, 어떻게 보면 직원 위하자는 건

데 상황상 필요하다면 할 수도 있지 않겠냐 여겨지시는 분도 있겠죠?

사실 상담자들이 현장에서 이런 요청사항에 대해 혼란스럽게 되는 이유는 이게 행위의 시작은 직원을 위하는 호의였다 하더라도, 그 행위의 결과가 상담실의 비밀 보장에 대한 신뢰에 영향을 줄 수 있기 때문인 거 같습니다. 회사 입장에서 노사나 상담이나 똑같다고 보듯, 직원들 입장에서도 그렇게 비춰지기 시작하면 직원들의 고충을 관리한다고 인식되어 있는 노사나 상담실은 다 똑같다, 소위 '한통속이다'라고 여겨질 수가 있거든요. 이렇게 되면 상담실에서 상담하면 내 정보가 당연히 노사 혹은 인사부서에 들어가게 된다고 오해하실 가능성이 커지고, 그럼 상담실에 오시길 꺼리게 되는 악순환으로 이어지기 때문이에요. 그러니 상담자 입장에선 그런 요청에 대해서 당연히 고민이 될 수밖에 없는 겁니다. 또 당연히 거절하는 게 맞겠다는 확고한 생각이 들더라도 거절을 '잘' 하는 문제는 또 다른 문제이기 때문에 꽤 에너지가 들어가는 갈등 상황이 될 수밖에 없습니다.

두 번째로 정체성 혼란을 느낄 때는 상담자 역시 일반 직원과 같은 일을 할 때인데요. 이를테면 이런 경우들입니다. 뭔가 비용처리를 하기 위해 자잘한 프로세스를 밟는데 시간과 품을 많이 써야 한다거나, 건물마다 야간 근무를 돌아가면서 하는데 상담자도 해야 한다거나, 소속되어 있는 부서 전체 회식에 참여한다거나 등등. 어떻게 보면 직원이라면 당연히 해야 할 일로 여겨지기도 하지만 또 막상 하게 될 때는 '내가 이걸 하려고 여기 들어왔나?' 하는 생각도 한두 번쯤은 갖게 되는, 상담자 입장에선 지극히 비전문적인 업무들이란 공통점이 있겠지요. 특히 이런 일을 공교롭게 상담 진행 중인 내담자와 같이 하게 되거나, 상담이나 교육 등 주업무만으로도 일이 많아 여유가 없을 때 하게 된다면 어떨까요? 다중관계에 대한 고민도 당연히 되거니와 내담자를 어떻게 대해야 할지 난처한 감정도 가질 수 있지요. 또 이런 일을 하는 데 시간이 뺏겨 정작 상담자로서의 전문성을 발휘하는 일에 집중하지 못하는 기분이 들면 회사에서 내가 전문가로 채용된 건지 그냥 회사원으로 채용된 건지 헷갈리고, 이럴 거면 굳이 내가 그 고생을 해서 공부하고 수련해서 자격증을 땄나 하는 생각의 비약도 경험할 수 있게 됩니다.

그럼 이렇게 정체성에 혼란을 겪을 때는 어떻게 해야 할까요? '에잇, 이런 곳이라니!' 하면서 퇴사하고 다른 길 찾아갈 게 아니라면 어떻게든 해결을 좀 하고 넘어가야겠지요. 함께 보셨듯이 첫 번째와 두 번째 경우는 서로 다른 특성이 있는 터라 각각에 대해 달리 조언을 드리고 싶은데요.

우선 첫 번째 인사 부서의 업무를 요청받을 때에는 무엇보다 경계를 잘 지으셔야 한다고 말씀드리고 싶습니다. 경계라 하면, 상담자로서 할 수 있는 일과 할 수 없는 일에 대한 한계 설정입니다. 특히 처음이 중요한 거 같아요. '저번엔 그렇게 해주셨잖아요. 지난번 상담자는 같이 하셨었어요' 이렇게 이야기되기 시작하면 반론을 제기할 명분이 부족해지거든요. 따라서, 만약 여러분께서 처음 이런 요청을 받게 되는 상황이 되셨다면 그때 단호하게 거절을 하시는 게 좋습니다. 물론 그 거절의 말투나 태도는 부드러워야겠죠(이건 더 잘 하시리라 생각됩니다). 직원들이 오해할 수 있는 측면, 그래서 장기적으로 상담실이든 인사부서가 가질 수 있는 역효과에 대해 충분히 설명해주시는 것은 당연하고요. 여기에 합리적인 대안까지 제시해주실 것을 추천드리고 싶습니다. '난 그런 일은 못 한다'로 끝나는 것보다는, '난 그런 일은 하기 어렵지만, 전문성을 발휘한 이런 일은 가능하다'고 접근해주는 겁니다.

예를 들어 앞서 성희롱 피해를 겪어 집에서 못 나오고 있는 A사원은 낯선 상담자가 갑자기 가는 것보다는 평소 그나마 A사원이 의지하고 있는 동성 선배가 가보는 것이 A 입장에서도 안심될 것이고, 그 선배를 통해 '회사에 나와 바로 업무를 하기엔 심리적으로 힘들 수 있으니 상담실에서 먼저 마음을 좀 추스르게끔 상담을 권유하는 게 낫겠다'는 의견을 줄 수 있는 거죠. 결국 회사가 바라는 것도 A사원의 심리적인 안정, 그리고 정상적인 업무 수행입니다. 그 기대를 충족시키는 데 다른 방법도 가능하고, 그것이 더 전문적이고 현명하다고 여겨지면 회사에서도 마다할 이유가 없죠. 오히려 이런 과정에서 상담실에서 할 수 있는 일과 없는 일의 경계가 무엇인지 그들도 경험하는 학습을 하게 되고, 본인들의 기대 역시 충족되는 과정을 통해 상담실에 대한 신뢰를 높일 수 있습니다.

두 번째는 일반 직원과 별반 다르지 않은 일을 하게 될 때인데요. 이 경우는 크게 고민하지 말고 그냥 하시라고 말씀드리고 싶습니다. 다니다 보면 전문가인 상담자도 별 다른 거 없습니다. 상담자 역시 직원이란 사실에도 변함이 없고요. 다른 부서의 전문인력들도 마찬가지입니다. 교대 근무를 하는 고졸 제조현장 사원이든, 어느 특정 기술분야의 박사급 연구인력이든, 법률 관련 부서의 변호사든 다 똑같습니다. 다 회사에서 월급 받는 직원들 중 한 명이지요. 그리고 회사는 거대한 시스템과 규칙에 의해 운영되는 집단이고요. 여기에서 모든 구성원들의 특수성에 맞는 예외를 적용하기란 힘듭니다. 그럴 경우에는 반대로 '형평성'에 대한 논란이 제기될 가능성도 있고요. '나는 하는데 저 사람은 왜 안 하냐?'와 같은 거죠. 그러니 일반 직원들이 하는 업무를 상담자인 자신도 해야 하는 그 비중 자체가 너무 크지 않다면, 그냥 차라리 당연하다고 생각하고 빨리, 기꺼이 하시는 것을 추천드리고 싶습니다.

다만, 그 비중이 너무 커서 주업무인 상담이나 기타 교육, 프로그램 진행이 침해받는 '주객전도' 상황이 된다면 그건 마땅히 조정을 요청해야겠지요. 그 정도라면 그런 업무를 대신 처리해줄 지원 인력을 요청하거나 아예 상담자 추가 채용을 요청해볼 수 있을 겁니다. 물론 이때에도 그 명분과 근거는 매우 명확해야 합니다. 이윤 창출이 목적인 회사에서는 돈을 쓰는 문제에 당연히 민감할 수밖에 없으니까요. 어떻게 보면 상담자가 일반 직원과 다를 바 없는 자잘한 행정업무 등을 할 수밖에 없는 이유도 이런 돈 문제와 연관이 있다고도 할 수 있겠지요. 그러니 추가 비용이 드는 제안을 한다면 꼭 필요한 상황임을 설득해야 할 근거가 명확해야 할 것입니다. 그럴 정도가 아니라면 아까도 말씀드렸지만 그 업무를 빨리, 효과적으로, 기쁘게 할 방법을 찾는 적응력을 키우시는 게 낫습니다.

이런 업무를 할 때 내담자와 함께 하게 되어 불편한 경우에 대한 이야기로 마무리하겠습니다. 예를 들어 회식을 하는 자리에 함께 있는 경우가 해당하겠지요. 결론부터 말씀드리자면? 괜찮습니다. 오히려 내담자가 이런 상황에 대해 '여긴 회사고, 상담자도 회사원이고, 우린 한 부서이고, 그러니 부서 회식에서 만날 수 있다'라고 더 당연하게 생각합니다. 거기서 상담자가 부적절하게 '상담받고 잘 지내고 있느냐'는 식의 알은체를 할 게 아니라면 그냥 자연스럽게 있으면 됩니다. 먼저 인사할 것도 없지만, 그렇다고 인사를 해오면 피할 것도 없습니다. 그냥 내담자가 편해하는 방식으로 있으면 됩니다. 그리고 걱정되신다면 그다음 상담이나 다른 기회를 통해 내담자가 어떻게 느꼈는지 물어보고 함께 정리해두면 됩니다. 제 경험상은 상담자의 기우일 때가 더 많았고요. 오히려 이런 얘기를 먼저 꺼내 내담자의 이야기를 들으려 하는 상담자의 태도는 거꾸로 내담자에게 긍정적으로 해석되는 경우가 더 많았습니다.

그래서 전 경험이 좀 쌓이니까 아예 내담자들과 상담을 구조화할 때나 종결할 때 이런 면에 대해 정식으로 다루고 합의를 하는 편입니다. '같은 회사니까 이런저런 자리에서 만나게 된다. 그럴 때 어떻게 대해 주는 게 좋겠는가'에 대해 내담자가 편한 방식을 듣고 그에 걸맞은 합의를 하는 거죠. 아예 모른 척했으면 좋겠다는 사람도 있고 상관없다는 사람도 있습니다. 그에 맞게 하는 게 가장 정답일 것입니다.

핵심노트

- 장기적으로 직원들의 상담실 인식에 영향을 줄 이슈에 대해서는, 애초에 경계를 잘 세우는 게 중요해요.
- 어느 정도 수용 가능한 이슈에 대해서는, 상담자도 직원이라는 유연한 태도로 대처해주세요.

CHAPTER

05

동료가 자살했을 때

드문 일이긴 해도, 안타깝지만 우리나라가 OECD 국가 중 가장 높은 자살률을 기록하고 있는 만큼 같은 직장 내에서 일하는 누군가가 자살로 생을 마감하는 일을 겪게 될 수도 있습니다. 이런 경우 당연히 고인이 된 직원과 함께 일한 동료들이 혹시 영향받고 동요되어 심리적으로 힘들어하시진 않을까 걱정되기 마련이죠. 과연 이분들을 위해 뭘 어떻게 해야 하는지 상담실에 문의를 해오는 경우가 있습니다. 이에 대해 정리해보겠습니다.

우선 고인과 함께 일했던 부서의 직원분들을 대상으로 짧게라도 교육을 하는 것이 좋습니다. 시점은 최소 1주일 정도 뒤, 그러나 최소 열흘은 넘기지 않는 선에서 하는 것을 추천드리고 싶습니다. 아무래도 사건이 일어난 당장은 장례 절차도 있고 고인을 잃은 슬픔이나 충격, '아직도 실감이 안 난다'는 비현실감이 커서 다른 내용까지 소화시킬 여지가 없는 것 같고요. 반대로 사람들은 불편한 감정은 피하고 빨리 안정된 일상으로 돌아가고 싶어 하는 본성이 있기 때문에 너무 지연되면 그 얘기 자체를 꺼내기가 서로 어려워지기 때문에 또 너무 늦어지는 것도 조심해야 합니다.

교육 내용은 주로 PTSD(Post-traumatic stress disorder), 즉 '외상 후 스트레스 장애'에 대한 설명과 이로 인해 발생할 수 있는 주요 증상, 그리고 어떻게 대처해야 하는지에 대한 것이 포함됩니다. 실제 고인과 함께 거의 매일을 만나서 일을 하고 밥도 같이 먹으면서 생활을 함께 했던 동료들 입장에선 고인의 죽음이 상당히 갑작스러울 수밖에 없습니다. 같이 일했던 때를 떠올리면서 '그때 혹시 이 말/행동이 힘들단 의미였던 걸까?', '내가 그때 이렇게 말/행동을 했는데 가뜩이나 힘들었던 사람에게 내가 더 상처를 준 건 아니었나?', '그때 내가 이렇게 말/행동을 했어야 했는데' 등의 반추와 후회를 반복하게 됩니다. 동료의 자살이란 트라우마틱한 사건으로 인해 소위 자살생존자(suicide survivors) 집단이 겪을 수 있는 죄책감이나 자기비난을 피할 수가 없는 거죠. 고인과의 관계 친밀도가 어떠했느냐에 따라 어떤 분들은 고통의 정도도 심하고 수면장애, 집중력 곤란 등의 파생되는 문제를 겪게 되기도 하고요. 그럴 때 전문가가 이러한 반응이 '지극히 당연하다'고 확인해주고 '시간이 지남에 따라 조금씩 괜찮아질 거다'라는 걸 이야기해주는 건 당사자들에게 아주 큰 도움이 됩니다.

일단 자기 자신이 이상하거나 문제가 있는 것이 아니라는 걸 확인하게 되니 안심이 되고, 또 그렇다면 지금 이 힘든 시기를 어떻게 지내야 하는지에 대해 자신을 좀 더 수용하고 받아들이게 할 수 있거든요. 그래서 이러한 교육을 통해 간략하게나마 'PTSD'의 증상들을 설명해주고 그 증상들을 다루고자 할 때 일상에서 어떻게 지내는 게 좋을지(예. 과도한 음주 피하기, 중요한 결정 미루기, 혼자 있지 말고 가족들과 시간 보내기 등)에 대한 안내를 해주는 것이 좋습니다. 이때 중요한 건 쉬운 용어로 전달하기. 이분들은 현재 자신의 감정을 처리하는 데도 많은 에너지가 소모되고 있기 때문에 너무 전문적인 용어로 어렵게 전달하기보다는 쉬운 용어로 알기 쉽게 전달하는 것이 훨씬 도움이 되실 거예요.

　두 번째는, 이러한 교육을 하면서 개인 상담에 대한 안내도 함께 하시는 것이 좋습니다. 고인이 속한 부서의 전체 구성원들을 대상으로 교육을 하는 것으론 한계가 있는 동료 분이 있을 수 있습니다. 고인과 정말 가까웠던 사이였거나 자살 사고 자체를 목격한 것까진 아니더라도 고인과 함께 거주하던 집에서 그런 일을 겪은 직원도 있을 수 있습니다. 이를테면 룸메이트로 생활했을 수 있는 거죠. 이런 분들에겐 상담을 통해 자신이 겪고 있는 감정이나 생각을 털어내고 경우에 따라선 '당신의 잘못이 아니다'는 확언을 듣고 고인에 대한 애도작업을 함께 하는 것이 매우 중요할 수 있습니다. 그런데 마땅한 방법을 몰라 혼자 괴로워하실 수 있거든요. 그래서 개인 상담에 대해 진행과정, 신청방법 등에 대해 소개해주고 연락을 하시게끔 당부를 해두는 것이 좋습니다. 필요하다면 앞서 언급한 분들의 예처럼 부서 내에서 고인의 죽음으로 영향을 크게 받아 힘들어하는 동료가 있는 경우엔, 부서장님과 상의하여 아예 상담 연계를 공식화하거나 구조화할 수도 있겠고요(예. 고인과 직접적으로 일을 가장 많이 했던 파트의 모든 부서원은 이 기간 동안 상담을 받기, 상담 시간은 업무로 인정해주기 등)

　마지막으로는 안타깝지만 이런 일을 계기로 직장 내에서 서로가 서로에게 관심을 좀 더 높이는 분위기를 형성하는 계기로 자살예방활동이 펼쳐질 필요성이 있는 거 같아요. 아무래도 자살률이 높은 한국이다 보니, 학교든 군대든 기업이든 지역사회든 자살예방활동이 전방위적으로 이뤄져야 한다고 생각합니다. 그러니 그 실천을 내가 속한 직장에서부터 할 수 있게끔, 상담실에서 어느 정도는 적극적으로 나서는 것도 권유드려요. 이를테면 전 직원들 대상으로 1년에 1번 정도는 게이트키퍼 (자살예방) 교육을 한다거나 직원들 서로가 서로에 대한 관심과 배려로 소통할 수 있는 기업문화 형성을 독려하는 메일링을 정기적으로 할 수도 있겠지요.

사실 직장이라는 곳이 어떻게 보면 가족들보다도 더 많은 시간을 함께 보내는 곳이잖아요. 그러다 보니 아무리 사회적 가면을 쓴다고 해도 매일매일 이어지는 생활 속에서 자신의 생각이나 감정이 표출될 수밖에 없기도 하니까요. 서로 조금만 더 관심 갖고 안부와 근황을 챙겨주고 힘든 일이 있으면 상의할 수 있는 분위기만 형성이 되어도, 어떤 한 사람이 극단적으로 내몰리는 듯한 심리적 고립감으로 자살을 선택할 여지가 조금이나마 줄 수 있을 것입니다. 그래서 혹시 근무하는 회사에서 이러한 게이트키퍼 교육이라든가 자살예방 생명존중 관련 활동들이 전혀 없는 상황이라면, 이번 기회를 계기로 삼아 전 직원들의 관심을 높이는 활동들을 해보게끔 관련 부서(예. 기업문화팀, 교육팀 등)의 이해관계자들과 상의해보시는 것도 권해드리고 싶습니다.

핵심노트

- 함께 일하는 동료의 자살. 내가 근무하는 기업에서도 생길 수 있는 일입니다.
- 동료의 자살 이후 주변 사람들이 무너지지 않게 교육과 안전망을 제공해 주세요.

상담실 규모에 따른
상담자 자기관리

기업의 상담실 규모는 상담자에게 상당한 영향을 줍니다. 즉, 혼자 일하느냐 적어도 2인 이상이냐에 따른 차이인데요. 대체로 현재 국내 기업상담실의 현황을 보면 보통 한 사이트(site)에서 많아도 2~3명의 상담자로 구성되어 있는 게 일반적이고요. 기업의 규모나 필요성(예. 임직원 수, 경영진의 관심사 등)에 따라 4인 이상의 상담자들이 있는 경우가 드물게 있는 거 같아요. 이와 반대로 1명의 상담자로 상담실로 운영되는 경우가 꽤 많습니다. 아직 국내 기업상담이 완전히 정착되었다고 말하기는 어렵고, 확산되어 가는 그 추세 속에 있기 때문이겠죠.

이러한 상담실의 규모에 따라 상담자로서 관리해야 하는 부분이 달라지는 것 같아요. 일단 취업을 위한 준비 측면에서도 그 규모에 따라 좀 더 중요하게 보는 역량이 다르단 걸 고려해야 하고, 취업이 된 이후라도 상담자 스스로 자기관리를 해야 하는 영역에 차이가 있음을 감안해야 합니다. 우선 여러분이 취업을 준비하고 있다면, 1인 상담실의 경우엔 혼자 상담실을 운영할 수 있는가, 2인 이상의 상담실일 경우엔 다른 상담자와의 시너지를 낼 수 있는가를 핵심적인 능력으로 두고 판단해봐야 합니다.

좀 더 살펴보자면 1인 상담실의 경우, 상담자가 혼자서도 잘 지낼 수 있는지의 독립성, 그러면서도 다른 일반 직원들이나 이해관계자들과 잘 지낼 수 있는지의 사교성, 여러 가지 업무를 기획하고 실행해나갈 추진력이 있는지의 적극성이 중요해집니다. 반면에 2인 이상의 상담실이라면 함께 일하게 되는 다른 상담자와 잘 지낼 수 있는지의 조화를 우선 생각하게 됩니다. 만약 기존에 일하고 있는 상담자가 40대 비혼이라면 새롭게 채용할 상담자는 기존의 상담자보다는 어린 30대로 채용함으로써, 자연스럽게 선후배 관계로 조직의 위계를 형성하고 여기에 기혼으로 아이 육아 경험도 있는 상담자를 선택해 좀 더 외형적인 균형까지 갖추고자 할 수 있겠지요. 이런 기본 스펙에서의 조화는 물론이고, 기본적으로 2인 이상의 사람들이 함께 일하려면 결국 업무상 팀워크가 중요해질 수밖에 없으니 서로 간에 업무를 하면서 생길 수 있는 감정적 충돌이나 의견 차이를 어떻게 해결하느냐의 감정 조절 방식이나 스트레스 해소법, 문제해결 역량 등이 핵심 역량이 됩니다. 따라서 기업상담자로 진출을 꾀하고 계신 상담자라면 내가 지원하려고 하는 기업상담실의 규모 역시 고려하여 각각의 경우에 맞게 자신의 역량이 어떠한지를 점검해보시는 것도 좋겠고요. 그에 맞게 이력서나 자기소개서, 면접 과정을 준비하는 게 더 도움이 되실 거예요.

현재 기업상담실에서 근무하고 있는 상담자라면 자신이 속한 상담실의 규모가 어떠냐에 따라 분명 다른 애로사항을 경험하고 계실 거 같은데요. 특히 이제 막 시작하는 초심 기업상담자분들께서는 그런 애로사항 중에서 규모에 기인하는 면도 있는지 한번 생각을 정리해보시면 좋겠고요. 또 다르게는 내가 근무하는 상담실과 다른 조건의 상담실에선 어떤 어려움이 있는지 이해하는 차원에서, 혹 이직을 고려하고 계신 분들이라면 다른 규모의 상담실을 미리 간접 체험해보시는 의미에서 이후의 이야기를 읽어보시면 좋겠습니다.

다시 상담실의 규모에 따른 애로사항을 구분해보자면 보통 1인 상담실에서 근무하는 상담자는 고립감을, 2인 이상의 상담실에서 근무하는 상담자는 함께 일하는 상담자 간의 갈등을 많이 호소하는 경향이 있습니다. 1인 상담실에 혼자 계시는 상담자는 아무리 본인이 혼자 있는 것을 즐기는 편이고 혼자 처음부터 끝까지 일을 기획하고 매듭짓는 과정을 어려워하지 않는 성향이라 하더라도, 막상 혼자 일하는 과정에서 갖게 되는 외로움에서 완전히 자유롭기란 또 어려운 거 같아요. 대체로 이러한 외로움은 어떤 문제에 처했을 때 어떻게 해야 할지 상담자도 그 답을 모르겠는데 함께 상의할 대상이 없는 데서 오는 막막함, 상담자라는 특수한 전문 업무를 하는 사람이 회사에서 본인 혼자이기 때문에 회사의 그 누구로부터도 완전히 이해받지 못하는 거 같고 그렇다고 완전히 그들과 같은 공동체로 섞이기도 어려운 거 같은 애매모호함, 또 회사에서는 전문가라고 1명의 상담자인 자신에게 모든 의견과 의사결정을 일임하는 데서 오는 부담감 등에서 기인하는 것이지요. 작게는 (어쩜 세상 큰 이슈일 수 있죠!) '오늘은 밥을 누구랑 먹는가?'가 매일 고민될 수도 있고요.

따라서 이렇게 1인 상담실에서 근무하는 상담자분들은 고립감을 최소화할 수 있는 장치들, 특히 네트워크를 만들고 이를 활용해가며 일을 하실 것을 많이 권해드리는 편입니다. 이를테면 다른 기업상담실에 근무하는 선후배가 있다면 같이 고민을 나누는 스터디나 수퍼비전 모임을 하시는 것도 좋은 방법이고요. 회사에서도 조금은 편하게 이야기 나눌 수 있는 동료들이 있는 게 좋은 거 같습니다. 이게 상담자─내담자로만

관계를 규정하기 시작하면 한계가 너무 많아지고, 상담자의 고립감도 커질 수밖에 없어요. 하지만 상담자도 엄밀히 말하면 한 회사의 직장인이고 그렇게 따지면 회사에서 일을 하면서 마음 맞는 동료 한두 명쯤은 있어야 편하게 밥도 먹고 회사 돌아가는 얘기를 할 수도 있고 이런저런 사는 얘기로 수다도 떨면서 스트레스를 풀 수 있는 거거든요. 그래서 그런 측면에서 너무 엄격하게 '나는 상담자니까'라고 먼저 거리를 둘 필요는 없는 거 같습니다. 상담자로서의 직업적 윤리와 경계만 잘 지킬 수 있다면 분명히 상담실에서 근무하면서 만나게 되는 여러 임직원분들 중 상담자와도 잘 맞고 이야기가 통하는 인생 동료들은 있을 테니까요. 그런 면에서 유연해지면서, 회사 내에서도 가끔은 '상담자'라는 옷을 살짝 내려놓고 충분히 편안한 연대감을 가질 수 있는 네트워크를 형성하시면 좋을 거 같아요.

반대로 2인 이상 규모의 상담실에서 다른 상담자와 함께 일하는 분들은 함께 일하는 상담자 간의 갈등 관리가 핵심입니다. 이건 갈등은 있을 수밖에 없다는 것을 전제로 하는 이야기가 되지요. 상담자도 사람인데 일을 하다 보면 서로의 업무 스타일의 차이, 말하는 태도나 문제를 해결하는 방식의 차이 등이 당연히 있을 수밖에 없거든요. 당연한 얘기처럼 들리시겠지만 의외로 상담자들이 '상담자니까~', '상담자인데~' 이런 류의 전제 조건을 스스로에게 그리고 다른 동료 상담자에게 많이 걸면서 갈등이란 존재 자체를 부정하는 경우가 제법 있습니다. 이를테면 내가 다른 동료 상담자에 대해 화가 나면 '그래도 내가 상담자인데 이거 하나 다루지 못하면 안 되지'라고 생각하며 억누르거나, 다른 동료 상담자가 잘못을 하면 '그래도 상담자인데 어떻게 저렇게 할 수 있지?'라고 생각하며 엄격하게 평가한달까요. 즉, 상담자라는 정체성하에 자신과 동료에 대해 상당히 평가적인 잣대를 대는 경향이 있습니다.

이러다 보니 일단 갈등이 발생하는 자체를 편안하게 받아들이지 못하고 갈등이 발생하면 참거나 회피하는 식으로 대처하게 되기도 하는 거 같아요. 그러나, 상담자들도 사람이고 또 일터이기 때문에 분명히 서로에 대한 감정이 많이 발생합니다. 당연히 다른 상담자에 대한 불만은 물론이고 시기 질투가 생기기도 하죠. 다른 외부자극에 대한 대처방식도 서로 달라서 의견이 좀처럼 좁혀지지 않아 팽팽한 긴장상태로 하루를 보내야 할 때도 있고, 평가받는 시즌이 되면 동료 상담자가 상담실을 관리하는 윗사람에게 아부 떠는 모습인 거 같아 미워질 때도 있을 수 있습니다. 혹은 내가 그런 스타일이라 다른 상담자가 날 그리 볼 수도 있겠지요. 따라서 2인 이상의 상담실에서 근무하는 상담자라면 전체 조직을 위해 나 개인을 다소 뒤로 둘 수 있는 '조직관'이 우선 필요한 것 같습니다. 여러 가지 갈등에 처했을 때도 궁극적으로는 '이 상담실을 위해 무엇이 우선되어야 하는가?'를 전제로 해결해나갈 수 있어야 하겠고요. 여기서 나의 감정에 대한 이해나 그 해소가 무엇보다 중요하다면 다소 곤란할 수 있겠죠? 또 거꾸로 누군가와의 관계에서의 편안함이 그 무엇보다 중요하다면 어떤 결정을 할 때 편향을 겪을 수도 있을 테고요. 어떻게 보면 조직 우선주의를 베이스로 갖추고, 여기에 소통, 갈등관리, 문제해결 역량 등을 키워내실 수 있어야 합니다.

이렇게 2인 이상의 상담실에서 근무하시는 상담자분들께는 그래서 거꾸로 회사 외에서 자신을 충전시킬 수 있는 장치들을 더 많이 만들고 활용하란 말씀을 드리는 편이에요. 회사(상담실, 동료 상담자 등)와는 어느 정도의 거리를 두고 환기시킬 수 있는 자신만의 '케렌시아'를 외부에서 찾는 게 더 나은 거 같아요. 이를테면 수퍼비전 모임도 가능하다면 다른 상담 세팅에 있는 사람과 함께 하면서 현재 자신이 속한 상담실을 객관화시켜 볼 수 있는 크로스체킹의 기회로 삼는 것도 좋고요. 거의 매일 상당한 시간을 함께 보내는 사이가 직장 동료인 만큼, 함께 일하는 상담자와도 건강한 거리 유지를 하는 것이 중요해보입니다. 시간이 축적됨에 따라 서로의 스타일을 알게 되고 더 편해지면서 맞춰가야 하는 과정에 들어가는 에너지도 줄어들고 편안해지기 마련이지요. 그러니 아직 동료 상담자와 함께 한 시간이 1~2년 미만이신 분들은 특히 '오래 두고 볼 사람'이란 관점에서 조금은 긴 호흡으로 동료 상담자와의 관계를 바라보고 때로는 거리도 살짝 떨어뜨려 놓으면서 안정적으로 조화를 이뤄간다고 여겨주시는 게 좋을 것 같아요.

핵심노트

- 기업상담자도 직장인! 직장에서 편하게 연대할 수 있는 동료가 필요해요.
- 함께 일하는 동료 상담자가 있다면 서로 갈등이 생길 수도 있음을 받아들여주세요.

경력에 따른 상담자 자기관리

상담자의 숙련도는 상당히 많은 측면에서 차이를 가져옵니다. 어려움을 느끼는 주제들도 다르고, 그에 따라 도움이 필요한 것들도 달라지고요. 갈증을 느끼는 영역도, 시선이 자꾸 가게 되는 분야도 달라지죠. 물론 개인차도 있겠지만, 상담자가 기업상담에서 얼마나 일을 했느냐의 경력과 연륜, 발달 수준에서 오는 차이 역시 꽤 분명한 거 같습니다. 보통 초심자와 숙련자라고 칭해지곤 하지요. 그 구분은 연구에 따라서도 조금씩 다르지만(짧게는 1년, 길게는 3~5년) 저는 통상 회사에서 신입사원이 그래도 일 좀 한다. 이제 밥값 좀 한다고 이야기되는 시점(실무의 꽃이라는 대리직을 달기까지 3~4년)을 고려하여, 3년을 기점으로 이 미만은 초심자, 이상은 숙련자로 이야기를 좀 해보고자 합니다(여기서 숙련자도 10년 이상은 제외하겠습니다. 뭐랄까, 이쯤 되면 개인별 현실과 수준이 어떻든 적어도 한 분야의 '구루(Guru)'라고 할 수 있을 테니까요).

우선 초심자 시절에 가장 이슈가 되는 것은 뭘까요? 상담자라는 타이틀을 가지고 이제 막 낯선 회사에 들어와 일을 시작하려 하는 때를 한

번 떠올려보세요. 여러분은 어떤 게 가장 고민될 거 같으신가요? 직장인이라면 누구나 그렇듯 기업상담에 발을 내딛은 초심 상담자에게도 가장 고민되는 것은 바로 '적응'입니다. 적응의 사전적 의미는 '일정한 조건이나 환경에 맞추어 잘 어울림'으로 되어 있더군요. 잘 어울린다, 이만큼 적응이란 걸 잘 표현하는 단어가 또 있을까 싶기도 해요. 결국 이 시기의 초심자에게는 '잘 어울리는 기업상담자 되기'가 주된 이슈인데요. 그렇다면 어디에 잘 어울리는가가 중요하겠지요. 당연히 소속되어 있는 회사란 곳을 떠올리시겠지요? 여기에 저는 한 가지를 더 말씀드리는 편인데요. 바로 자기 자신입니다. 다시 정리해보자면, 초심자에게는 '회사와 자기 자신에게 잘 어울리는 기업상담자 되기'가 이슈입니다.

지금까지의 글들을 통해 여러분들은 기업상담이 다른 세팅과 구별되는 특성이 있다는 것을 느끼셨을 텐데요. 사실 어느 정도 정리된 글로 '그렇겠다'고 보는 것과 실제 몸으로 부딪히는 것에는 꽤 큰 차이가 있습니다. 이를테면 요가나 필라테스 동작을 영상이나 글로 익히면서 '그래, 해 볼만 하겠네' 하다가도 막상 내 몸을 사용해 해볼 때는 '어라, 이게 마음만큼 잘 안 되네?' 하고 당황하면서 비틀거리게 되는 것과 마찬가지겠지요. 그래서 이 시기에는 하나하나 다 몸으로 느끼면서 자기 경험으로 소화시켜 내기 위한 필연적인 시간, 그리고 고통이라면 고통이 수반됩니다. 소속된 회사의 분위기, 직원들의 특성, 임원 등 경영진을 포함하여 직원들의 상담(실)에 대한 인식 또는 기대, 상담실 담당자 혹은 상위자의 성향이나 스타일, 그동안 상담실에서 해왔던 활동과 그에 대한 반응 등도 익혀야 하고요. 빈번하게 발생하는 다중관계, 내담자 보호와 회사에의 보고 사이에서 느껴지는 갈등, 자살이나 성희롱 등 사건 사고성 사례가 발생했을 때 어떻게 대처해야 하는지의 혼란도 큽니다. 문제 자체도 당장 해결해야 하고 그 과정에서 느껴지는 다양한 상담자로서의 딜레마도 해결을 해야 합니다. 그러면서 늘 한 켠에서 불쑥불쑥

고개 드는 생각도 처리를 해야지요. '나 지금 잘하고 있기는 한 걸까?', '기업상담이 나랑 맞는 건가?', '앞으로도 내가 이런 일을 하는 게 맞나?' 등등 나 자신과의 일치성 여부도 계속 살펴봐야 합니다.

그러니 이러한 초심자에게 가장 필요한 것은 이러한 적응을 돕는 서포트겠지요. 당면하게 되는 여러 문제 상황들에 대해 '이렇게 하는 게 좋다'라거나 '이렇게 하는 방법도 있다'고 안내받고 그럼 '나는 이렇게 좀 해볼까?'라며 어떤 행동이라도 시도해 볼 단초가 되어 주는 일종의 가이드라인이나 매뉴얼이 가장 필요하죠. 그래서 초심자들이 이 시기를 잘 지나가기 위해서는 그러한 서포트를 해줄 만한 사람들을 주변에 두는 것이 가장 큰 자기관리의 방법이 됩니다. 이러한 고민을 함께 나눌 수 있는 선배나 수퍼바이저, 기업상담 숙련자라면 가장 좋겠고, 잘 구해지지 않는다면(아직 이게 더 현실에 가깝죠) 비슷한 처지에서 비슷한 고민을 하고 있는 동료도 좋습니다. 시야를 좀 더 확대해본다면 꼭 상담자가 아니더라도 회사 내외에서 두루 신뢰하고 존경할 만한 직장생활 유경험자도 좋습니다. 직접적인 사례나 상담과 관련된 고민을 나눌 순 없어도 직장인에게 필요한 처세나 우리 상담자들이 놓치기 쉬운 상황이나 맥락, 그들의 경험담 등을 통해 상담자 자신의 고민도 간접 적용될 때가 있고 거꾸로 내담자에 대한 개입 방법의 현실적 팁을 얻을 수도 있습니다. 꼭 어떤 문제에 대한 직접적인 답을 들을 때만 그 해결의 도움을 받는 건 아니니까요.

결국 적응과정에서 가장 많이 드는 고민은 '이럴 땐 어떻게 해야 하지?', 그리고 '내가 과연 잘하고 있나?'가 아닐까 싶어요. 그러면서 점차 그 회사와 자기 지신에게 어울리는 상담자가 되어 가는 거겠지요. 따라서 이런 고민들은, 미숙하게 여겨지는 자신을 −설령 부끄럽다 할지언정 − 솔직하게 꺼내놓을 때만이 검토되어지는 것들이니까요. 안전하게 자신을 드러내놓고 적응에 필요한 소스들을 얻을 수 있는 관계를 잘 활용하는 것. 그게 초심자에게 가장 필요한 자기관리 방법일 것입니다. 아, 물론 그 소스에는 적응하느라 늘 긴장되어 있는 심신의 안정을 위해, 맛있는 것도 양껏 먹고 '아주 잘하고 있네~' 지지도 한껏 받는 편안한 관계 역시 당연히 포함되겠지요?

반면 숙련자들은 어떤 게 고민일까요? 어떻게 생각해보면, 적응도 다 된 것처럼 보이고, 별로 어려울 것 없이 편안하겠다 여겨져, 초심자로서는 살짝 부러워지는 마음도 들 수 있겠는데요. 그런데 또 우리 인생이 나이가 든다고 그만큼 쉬워지는 건 아니듯 말이에요. 숙련자에게도 머리를 싸매게 만드는 그 시기의 고민이란 건 있는 거 같습니다. 확실히 이쯤 되면 기업상담자로서의 적응은 어느 정도 되었기 때문에 그로 인한 어려움은 없겠죠. 그런데 또 바로 그 지점, 적응이 되었기 때문에 아니, 달리 말하면 적응이 먼저 되어야만 생길 수 있는 다른 이슈가 수면 위로 나오게 되는 거 같습니다. 명명하자면, 바로 '새로운 걸 창출할 수 있는 기업상담자 되기'입니다.

어느 정도 적응이 된 숙련 기업상담자에게, 편안함이란 선물 대신 찾아오는 숙제는, 바로 익숙함에 대한 도전이라 여겨집니다. 어떻게 보면 동전의 양면이라 할 수도 있겠네요. 적응하느라 바빴던 초심자 시기엔 그저 해내느라 급급했던 것들이 이제는 상담자 눈에 들어오기 시작합니다. 이를테면 초심자 때는 그저 해내느라 바빴던 강의 교안이 숙련자 눈에 걸리기 시작하는 거죠. '이거 똑같은 내용으로 직원들에게 또 하기는 좀 그런데?' 이렇게요. 또는 회사, 직원들에 대한 지식과 정보의 양이 늘어난 만큼 이런 고민도 생깁니다. '이 내용은 이 부서 직원들이 듣기에는 좀 와닿지 않겠는데?' 이렇게요. 그동안은 그냥 해오던 대로, 혹은 배웠던 대로 했던 방식이나 내용에 대해 그만큼 의구심도 생기고 다른 방식에 대한 아이디어가 떠오르기도 합니다. 예를 들면 '근거를 중요시여기는 연구원들이니까 상담 구조화도 문서로 보면서 안내받게 하면 어떨까?' 이렇게요. 또 어느 정도 연간 흐름에 따른 활동도 몸에 배게 되니 매년 똑같은 걸 하기엔 상담자 스스로 지겹고, 직원들에게도 뭔가 다른 걸 제공해야 하지 않을까 고민이 되기도 하고요.

그래서 이 시기의 숙련자에게 가장 필요한 것은 어떻게 보면 자극입니다. 새로움에 대한 욕구를 충족시켜 줄 수 있는 인풋(Input) 말입니다. '뭔가 바꿔보고 싶다'는 고민이 되고 '이전과는 다르게 하고 싶다'는 의욕이 생긴다고 해서 그 구체적인 내용까지 막 나오는 것은 아니니까요. 결국 그런 내용을 창출하게끔 도와주는 소스가 필요한 거죠. 상담자가 이제껏 해보지 않았던 상담 기법에 대한 교육이 될 수도 있고 아니면 다른 기업에선 혹은 다른 상담자는 이런 방식의 활동도 해보더라 하는 사례에 대한 학습이 될 수도 있겠고요. 강의에 활용할 만한 요즘 '핫'(hot)한 드라마나 영화 내용이 될 수 있고, 이제껏 알지 못했던 지식과 정보를 알려주는 어떤 분야의 책이 될 수도 있겠지요. 그게 무엇이 됐든, 상담자에게 아웃풋(output)을 도출하기까지 영감도 되고 재료도 되어 주는 것들이요. 꽤 많은 기업상담자들이 3~5년 정도가 지난 이 시기에 박사과정 또는 어떤 전문교육과정(예. 코칭 전문가, 부부상담 전문가 등)을 시작하는 것도 이러한 고민과 맞닿아 있다고 보여집니다. 결국 숙련자들에게는 '어제의 나와 다른 나', '내일은 조금 더 나은 나'가 될 수 있는 도전과제가 필연적으로 부여되고, 그걸 해결하기 위한 과정이 또 이 시기부터 새롭게 시작되는 것이지요.

그러므로 숙련자들은 다양한 인풋에 자신을 노출시킬 필요가 있습니다. 실제 배움과 성장에 대한 관심과 욕구가 큰 만큼 대체로 많은 상담자들이 숙련자가 되었다고 해서 학습의 끈을 놓지 않는 것과 마찬가지겠지요. 아마도 기업에서 일하는 숙련자들의 경우엔 그 인풋을 활용하여 기업에 적용할 만한 어떤 아웃풋을 낼 것인가에 좀 더 초점을 맞춘다는 차이가 있을 겁니다. 이를테면 차장, 부장급 이상 임원들을 대상으로 하는 코칭 상담을 전문적으로 해보겠다고 마음먹게 되었다면 그 전문 교육과정을 듣고 실제 회사에서 적용시켜 볼 수도 있습니다. 좀 더 조직에 대해 잘 알겠다는 욕구를 가지고 기업상담이나 조직심리학 분야의 박사과정을 진학한다거나 관련 공부를 더 하려 할 수도 있겠고요. 결국 기업상담자로서 자신의 색깔을 좀 더 분명하게 아니 도드라지게 특화시키는 것이라고도 볼 수 있습니다.

그러니 어떻게 보면 아이러니하게도 숙련자이지만 초심자같이, 되려 자기 자신에 대한 탐색을 더 많이 하게 되는 것도 같아요. 단순히 새로운 걸 해보자가 아니라 내가 어떤 걸 잘하고 지향하고 있는지, 앞으로 어떤 전문가로 자리매김하고 싶은지에 대한 답과도 맞닿아 있는 거니까요. 그런데 대체로 인풋을 얻으려면 시간적, 물리적, 심리적 투자가 필요합니다. 그러니 이러한 투자를 회사에서 얻어낼 수 있는지도 타진해 볼 수 있다면 좋겠고요. 이러한 투자를, 아무리 익숙해졌다 해도 바쁜 본업(상담과 기타 업무)과 병행하며 해야 할 가능성이 높으니까 시간관리, 건강관리, 체력관리 또한 필수겠지요. 더불어 어느 정도 기업상담 필드에서의 경력이 쌓이면 자연스레 알게 되는 같은 기업상담 필드의 상담자들과의 네트워크도 활용하시면 좋을 거 같아요. 비슷한 분야의 다른 상담자들은 어떤 고민을 하는지, 어떤 활동들을 하는지는 상당한 자극이 되고 도전이 되며 영감을 주는 거 같습니다.

- 새내기 기업상담자라면 기업 현장에 적응이 필요합니다. 시간을 충분히 주세요.
- 숙련자라도 새로운 자극을 통해 더 성장할 수 있어요. 자기만의 전문적인 색깔 찾기. 롱런(long-run)하는 비결입니다.

직장인들이 상담에 대해
궁금해하는 것들

상담자들은 스트레스를 어떻게 푸나요?
"일단 피하세요!"

지금부터는 직장인들이 상담실이나 상담(자)에 대해 많이 궁금해하시는 것들을 정리해보려 합니다. 상담(자)에 대해 관심 있는 분들에게는 호기심을 풀어보실 기회가 될 것이고, 상담자분들에게는 나중에 만나게 될 잠재적 내담자 분들의 궁금증에 대해 미리 접해보실 기회가 될 수 있을 거 같아요. 또 비슷한 질문을 받았을 때 어떻게 대처해야 할지에 대한 약간의 가이드가 될 수도 있을 거 같습니다. 이 글에서 다룰 질문은 '상담자들은 대체 스트레스를 어떻게 푸는가?'입니다. 직원분들에게 꽤 많이 받는 질문 중 하나예요. 아마도 '마음을 다룬단 당신들은 어떻게 하니?' 하는 호기심이 반, 혹 미처 몰랐던 좋은 방법이 있다면 도움 받고 싶으신 마음이 반인 거 같아요. 사실 그때마다 좀 민망한 게, 상담자들의 스트레스 해소법이란 것도 그닥 특별할 게 없기 때문인데요. (물론 기가 막힌 해소법을 알고 계신 분도 어딘가 있겠죠. 혹여 이 글 보시면 좀 알려주세요~)

근데 저희도 똑같은 사람이고 똑같은 직장인들인지라, 스트레스를 푸는 방법들도 엇비슷한 것 같습니다. 친구와 술도 먹고(한때 전 '알콜 테라피'를 만들어 책을 쓰겠다며 허풍을 치고 다니기도 했죠), 달고 짜고 매운 것도 먹고(후회할 줄 알면서도 자극적인 것에 뛰어듭니다), 노래방에 가거나 쇼핑을 하기도 하죠(역시 돈 쓰는 게 최고라면서요). 뭐가 됐든, 자기에게 지지가 되는 사람들을 만나거나 스트레스 상황을 잊을 수 있는 즐거운 활동을 하는 것. 많이들 권유받고 이미 하고 계신 스트레스 해소법과 비슷합니다.

여기까지만 얘기하면 너무 실망하실까 봐 덧붙이자면 그나마 제가 봤을 때, 상담자들이 조금은 더 잘한다면 한다고 말할 수 있는 스트레스 해소법 중 하나는 바로 관계에서의 '자기 보호적인 회피'인 것 같습니다. 여기서 회피는, 네 맞습니다. 그 무언가(특히 사람)를 피하기.

상담자들은 일종의 예민성과 민감성을 좀 더 탑재한 사람들이랄까요? 자극과 반응 사이의 작동에 좀 예민하고 민감한 것 같습니다. 그래야 되기도 하구요. 스트레스를 받았을 때도 그 자극제가 무엇인지, 아니 그 상태에서 더 스트레스를 줄 만한 자극제가 무엇인지에 안테나가 잘 서 있다 할까요. 특히 사람 관계에서 더욱이요.

그래서 스트레스를 받고 있을 때 잘 푸는 법보다는 오히려 스트레스를 받고 있을 때 더 받지 않을 법을, 즉 적어도 [스트레스+스트레스]가 되는 '사람' 피하기를 좀 더 잘하는 거 같다고 답변드릴 수 있을 거 같아요. (애개~ 그게 뭐냐고요? 그런데 생각해보세요. 은근히 많이들 합니다. 후회할 걸 알면서도 지금 내가 부정적인 감정에 휩싸이면 그 대상에게 불나방처럼 돌진하기도 하는 것들 말이에요)

이를테면 이미 스트레스가 가득 차 있는 상태에서, 배우자한테 화가 엄청 났어요. 근데 지금 얘기해봐야 더 화를 내고 결국 큰 싸움이 될 게 명백하다? 그러면, 그냥 잠을 자버리는 겁니다. 직장에서 스트레스가 컸던 날, 저녁 약속이 있는데 거기에 내가 안 좋아라 하는 사람도 껴있고 어쩐지 기분에 영향을 받을 거 같다? 그러면 그냥 못 가는 이유를 적당히 둘러대고 안 가버리는 겁니다. 가뜩이나 힘든데 누가 내게 부탁을 했어요. 들어주면 좋기도 하겠지만 당장 내가 더 피곤해질 거 같다? 그러면 그냥 정중히 거절하는 겁니다.

별 거 아닌 것 같지만, 사실 또 잘 안 되는 것들이지요. 물론 그런 피하기로 감당해야 할 것들이 생기기도 하고요. 일종의 미움받을 용기? 지금 당장은 외면해야 하고 그걸 또 견뎌야 하는 뻔뻔함 같은 것들이요. 하지만 분명 필요합니다. 왜냐하면. 마구 휩싸였던 감정이 약간이라도 걷어지면, 또 다른 국면이 펼쳐질 수도 있음을 아니까요. 내가 좀 더 멀쩡한 상태에서 주도적일 수 있으니까요.

특히 지금 80% 수준의 스트레스를 90%, 100%로 더 배가시키는 건, 대체로 또 다른 사람과의 관계적인 작동에서 많이 나오는 것 같아요. 각자 이만큼까진 견디는데, 딱 어느 하나가 얹어지면 폭발하곤 하는 게 있죠. 그게 어떤 사람이 주는 자극일 때가 꽤 많단 겁니다. 그래서 그런 자극이 되는 사람을, 지금 당장은 적당히 피하는 게 상당히 중요한 거 같아요. 동대문에서 뺨 맞고 남대문에서 화풀이한다는 속담이 괜히 있는 게 아니니까요.

그 순간의 피하기에, 이런 방법들이 좀 도움이 된다고들 하세요.

• 따뜻한 물에 씻고 일단 자기
• 휴대폰 끄거나 무음으로 바꾸기

- **장면 바꾸기**(예. 이 방이면 저 방, 회사라면 집, 집이라면 동네 산책, 컴퓨터 앞이라면 화장실로)
- 편치 않은 약속이나 일정은 미루거나 조정하기
- 어지간하면 추가로 품을 들여야 하는 부탁이나 요구에 응하지 않기, 새로운 일 하지 않기
- 가능하다면 휴가 쓰기 혹은 일찍 퇴근하기

피하기. 소극적 방법이라고 정리되는 스트레스 해소 전략이곤 하지만, 매우 필요한 그리고 중요한 자기보호 방법이라고 생각합니다. 때론 휘릭! 피하셔야 해요.

핵심노트

- 상담자라고 스트레스를 피해갈 순 없죠. 자기만의 해소법이 중요해요.
- 늘 정면돌파만이 정답은 아니에요. 가끔씩은 피해가도록 해요. 그것도 좋은 방법!

진짜 비밀 보장되나요?
상담자도 밥줄은 지켜야죠

가장 많이 하시는 질문 중 하나인 거 같습니다. 그만큼 상담실을 이용할 때 얼마나 안전한지가 궁금하신 것이겠지요.

특히나 기업 안에 있는 상담실(흔히 내부모델이라고 합니다)일 경우, 회사를 다니는 직장인들 입장에선 이 문제가 해소되어야(진짜 비밀 보장이 되는구나~), 혹은 적어도 어느 정도까진 이 문제에 대한 정리가 좀 되어야(예. 비밀 보장이 된다고 100% 믿진 못하지만 당장 내가 너무나 힘드니 지푸라기라도 잡는 심경으로 간다) 상담실 문턱을 넘게 되시는 것 같습니다.

각설하고, 이 질문에 대한 답은 절대적으로 'Yes'입니다. 상담하면, 비밀 보장이 됩니다.

일단 상담심리사들은, 현 구조상 대체로 한국상담심리학회/상담학회 소속 회원 자격으로 활동을 하고 있습니다. 이 두 학회에선 공히 회원 자격을 관리하고 있고, 모든 조직이 존립을 위한 기본 원칙을 가지고 있듯, 양 학회 역시 윤리 강령을 가지고 있습니다. 이 윤리 강령의 제 1원칙이 바로 '내담자(상담을 받으시는 분) 권익 보장 및 비밀 보장'입니다. 제대로 수련 과정을 거치고 회원 자격을 유지/관리하는 상담심리사라면, 이 원칙을 반드시 준수해야 합니다. 그래서 때론 이를 침해하려는 타인과 싸우고요, 혹여 헷갈리는 순간이 오면 자기 자신과 싸우기도 합니다.

그런데 이 윤리 강령을 지키지 않으면 어떤 일이 생길까요. 네, 원칙적으로 상담심리사 자격을 박탈당할 수 있습니다. 우선 전 이 자격을 진심으로 박탈당하고 싶지 않습니다. 왜냐, 이 자격 하나 따려고 정말 많은 '시간＋노력＋돈'을 들여왔기 때문입니다. 보통 저희들 사이에서, 상담심리사 2급 자격을 취득하려면 (석사학위과정 제외) '최소 2년, 500만원＋α의 돈'이 들고 1급 전문가 자격을 취득하려면 '최소 5년, 1000만원＋α의 돈'이 든다고 이야기합니다. 그리고 어느 정도 맞습니다. (1급 취득 조건 중 하나로 수퍼비전을 50회 받아야 하는 게 있습니다. 1회당 보통 10만원을 내야 하고요. 이것만 해도 벌써 500만원이 되는 셈입니다.)

굳이 제가 이렇게, ─ 어찌 보면 속물처럼 ─ 말씀드리는 이유는, 이렇게 현실적으로 말씀드릴 때 저희가 지키고자 하는 원칙 준수의 그 무게감을 더 느끼시는 경향이 있었기 때문이에요. 그러니까 상담심리사들이 자격 유지를 위해 기본적으로 갖춰야 하는 그 윤리 강령이라는 무게에는, 저희 밥줄이라는 무게감도 있다는 것이지요. 밥줄은, 네. 누구에게나 절실한 법이니까요.

더불어, 상담은 내담자─상담자가 함께 하는 작업입니다. 그렇기 때문에 신뢰(소위 라포(Rapport)라고들 합니다)가 매우 중요합니다. 생각해보세요, 내가 끙끙 앓고 있는 비밀을 혼자 갖고만 있다간 팡 터질 거 같아

누구에게라도 나누고 싶은데, 입이 가벼운 친구에게 말하고 싶을까요? 오히려 조심하겠지요. 그러니 저희들은 그 누구보다도 입이 무거운 친구가 되어야 합니다. 그래야 그다음 작업이 되기 때문이지요. 그래야 더 깊은 속내를 나눠주시고 함께 검토하며 다음 길을 찾아갈 수 있습니다.

다시, 전 이렇게 정리해 드리고 싶습니다. 정식으로 엄격한 수련과정을 거쳐 자격을 취득한 상담심리사들은 비밀 보장을 엄격히 준수합니다. 그건 내담자와의 신뢰가 중요한 상담작업의 특성상, 즉 단순화시키자면 내담자를 위해서도 그렇고 그걸 지켜야만 활동을 지속할 수 있는 상담자 본인을 위해서도 그렇다고 말이에요.

그러니 한번 믿어보시면 좋겠습니다. 특히, 당장 내가 필요한 상황이라면, 일단은 뭐라도 해봐야 그다음 국면을 맞이할 수 있겠지요. 그럼에도 기업 내 상담실을 이용할라치면, 또 다른 벽을 느끼시기에 충분합니다. 기업은 어쨌든 '생존'이란 이슈가 있기 때문이겠지요. 타인의 평가와 조직의 관리라는 것이 늘 따라다니기 때문에, 그 안에 존재하는 상담실에도 그것이 영향을 미치지 않겠냐는 의심과 우려를 충분히 하실 수밖에 없는, 태생적 한계라면 한계가 있는 것 같습니다.

그런데. 역설적으로, 그렇기 때문에 그 태생적 한계로부터 비밀 보장의 안전성을 지키기 위해, 그곳의 상담심리사들이 얼마나 더 악착같이 노력하고 있는지를 전 꼭 강조드리고 싶습니다. 생각해보세요, 혹여 상담실에 가서 상담받았더니 '내 얘기가 여기저기 떠돌더라~', '내 상사가 알더라~' 이런 소문이라도 돌면 그 상담실, 과연 유지가 될까요? 기업은, 크기도 하지만 정보가 전달되는 입소문은 그 크기보다도 더 빠르고 셉니다. 그러니 상담자들은 더 철저한 비밀 보장의 안전성을 위해 노력할 수밖에 없습니다.

그럼에도 여전히 찜찜하기만 한 직장인 분들께는, 그렇지만 상담은 한번 받아보고픈 직장인분들께는 (다니시는 회사 내 상담실이 있다는 전제 하에), 권유드리고 싶어요.

- 일단 먼저 상담자에게 직접 연락해서 궁금한 이것저것을 물어보고 소위 '간을 좀 보면서' 자기 느낌에 따라 그 다음을 판단해보세요. 무엇이든 자기가 결정하는 게 가장 확실하지요.

- 그리고 주변에 상담받아 본 경험이 있는 지인이 있다면 한번 물어 보시는 것도 좋겠습니다. 간접경험을 활용하시는 것이겠지요.

- 또 다르게는, 사설 상담센터를 먼저 이용해보시는 것도 괜찮은 방법입니다. 대체로 기업 내 상담실은 무료라는 장점이 있지만 앞선 이유들로 괜히 불편하실 수도 있으니까요. 그 걸림돌에 자꾸 걸려 넘어지신다면, 조금 비용을 부담하더라도 차라리 속 편한 방법을 택하시는 것도 권유드리고 싶습니다.

핵심노트

- 비밀 보장은 내담자뿐 아니라 상담자의 생존을 위해서도 꼭 지켜야 하는 원칙입니다.
- 일단 상담실을 한번 방문해 직접 경험해보세요. 그 뒤에 판단하는 것도 괜찮아요~

상담샘들은 상담 안 할 땐 뭐 해요?
상담의 준비와 정리도 상담이랍니다

종종 이런 질문을 받을 때가 있습니다. 잊을 만하면 받는 질문으로 기억되는 걸 보면, 제법 궁금해하시는 분들이 있다는 거겠지요?

아무래도 상담실에 속해 있는 상담자라고 하면 일반적인 부서와는 조금 다른, 소위 전문직군/특수직군에 해당하는 것이다 보니, 과연 저들의 일상은 무엇인지 궁금증이 생기시는 거겠지요. 특히 상담이라고 하는 고정된 시간 외에는 뭐 하는지 말이에요. '그래, 상담이라는 게 둘이 만나 거의 1시간을 이야기 나눈다 하니, 평균 8시간을 근무한다고 하면 8시간 내내 상담을 하는 건가? 그러진 않을 거 같은데, 그럼 나머지 시간엔 뭘 하는 걸까?' 이렇게요.

좀 시시하실 수도 있겠지만 결론부터 말씀드리자면, 사실 저희도 엄밀히 말하면 회사원이기 때문에 별반 다를 바 없는 일들로 시간을 보내게 됩니다. 많은 회사원들처럼 아침에 출근해서 컴퓨터를 켜고 쌓여있는 이메일을 확인하고 필요하면 답장을 하고, 전화를 하기도 받기도 하고, 여러 회의에 참석하기도 하면서요. 그럼에도 저희가 좀 다르다면 다른 건, 위에서 이야기됐던 '상담'인데요. 다른 글에서도 언급한 적 있지만 저 같은 기업에서 근무하는 상담자들의 전체 업무 중 이 상담이 약 50% 정도를 차지하는 거 같습니다. 30%가 강의나 부서 프로그램 진행 등이고, 나머지 20%가 기획이나 문서작성, 행정업무 등이에요. 그러니 이걸 하루 기준으로 보면 보통 하루 평균 4개씩의 상담을 한다고 봤을 때 4시간은 이미 지나간 셈이지요.

그러면 이제 남은 4시간은 대체 무얼 하고 있느냐?! 이것인데요. 앞서 언급한 강의나 프로그램을 하게 되면 최소 1~2시간이 소요되고, 또 남은 1~2시간은 전화받고 회의에 참석하고 메일을 쓰는 것 외에도 자신이 맡고 있는 과제를 진행시키곤 합니다. 예를 들어 다음 주에 하게 될 강의 교안을 만들기 위해 PPT와 씨름하기도 하고, 새로운 프로그램을 운영하기 위해 계획안을 쓰거나, 거기에 돈이 필요하면 예산을 따내기 위한 품의서를 작성하기도 하면서요. 그러다 보면 이제 훌쩍 퇴근시간이 되는 거죠. 때로는 밀린 일을 처리하기 위해 혹은 퇴근 후에 상담하길 원하시는 분들을 위해 저녁상담을 진행하면서 야근을 하기도 하고요. 이제, 조금 궁금증이 풀리셨을까요? 제법 바쁘게 보내는 거 같다 여겨지시나요?

그런데 여기서 남은 하나. ─주인공은 늘 마지막에 등장하는 법이니까─ 가장 중요한 걸 강조하기 위해 하나 남겨둔 것이 있습니다. 바로 '상담을 준비하는 시간'. 그게 상담 외 시간에 상담자들이 가장 공들여 하고 있는, 해야 하는 일들 중에 하나입니다. 1시간의 상담 시간 동안, 그 조용한 상담실 공간에서 상담자는 자신의 속내를 용기 내어 드러내는 한 사람을 만납니다. 오롯이 그와 나 단 둘이 그 공간과 시간을 채우지요. 그러니 그 시간은 온전히 그분의 것이어야 합니다. 상담자의 준비 부족으로 허투루 보내면 안 돼요. 직무 태만입니다.

그래서 상담실에 들어가기 앞서 상담자는 자신에게 붙어있는, 그 내담자와 관련 없는 온갖 잡스러운 것들은 다 떼어 내야 합니다. 다른 일을 하면서 매여 있던 생각, '아… 이 정도의 돈은 있어야 하는데 회사에서 비용을 대줄까?', '방금 전화한 아무개 대리에게 내가 뭐 말실수한 게 있나?', '오후 강의 때 말이 꼬이면 어쩌지, 불안하다' 등등도 다 떼어 내야 하고, 바로 앞 타임 상담에서 '홍길동 씨에게 내가 오늘 너무 반응을 못 해줬나?', '다음 주에 어쩐지 안 오실 거 같은데…' 등으로 남아있는 여진도 다 떼내야 합니다. 그래서 곧 만나게 될 내담자의 심리검사 결과를 미리 보거나, 지난주 상담내용을 복기도 하면서 오롯이 그분만을 만날 준비를 해야 하지요.

거꾸로 상담을 하고 나오면, 또 그 내담자와 나누었던 중요한 내용이나 상담자의 느낌을 정리할 시간도 필요하죠. 그래야 다음 주에 만날 때 흐름을 잃지 않고 집중할 수 있으니까요.

그러니 이건 사실 얼마나 걸린다 명확한 시간으로 표현하기도, 또 이렇게 하고 있노라 뚜렷하게 실물로 드러내기도 애매한, 상당히 질적이고 개인적이며 내밀한 과정입니다. 하지만 상당히 공이 들어가고, 들어가야만 하는 과정인 것도 분명하고요. 따라서 "상담샘들은 상담 안 할 땐 뭐하세요?"라는 질문에 마지막으로 전 이렇게 정리해보고 싶습니다. "어떻게 보면 다를 바 없는 일반 회사인 모드에서, 반드시 달라야 하는 상담자 모드로 전환하기. 그걸 위해 준비하는 시간을 갖기 위해 노력한다"라고요.

핵심노트

- 상담 앞뒤로 내담자를 만날 준비를 합니다.
- 직원으로서 업무와 상담자로서 업무, 모두 놓치지 않기 위해 노력하고 있습니다.

우울한 얘기 들으면 안 힘들어요?
그렇지만 그렇지 않기도 해요

일단 이 질문에는 전제가 깔려 있는 거 같아요. '상담받는 사람들은 모두 우울하고 그래서 힘든 얘기만 할 것이다'. 그래서 이 전제에 대해 먼저 이야기를 잠깐 하고 싶습니다. 왜냐하면, 우울하고 힘든 사람만이 상담을 하진 않기 때문이에요.

상담을 하러 오시는 분들의 목적은 매우 다양합니다. 물론 마음이 너무 힘들어 상담을 받는 분들이 많죠. 반면에 마음이 밝고 편안한 상태에서도 상담을 받는 분들 또한 많습니다. 이를테면 자기 자신에 대해 이해해보고 싶어서, 진로를 탐색해보고 싶어서, 안전하다고 생각되는 다른 사람(상담자)의 의견을 들어보고 싶어서, 자기 변화를 위한 코칭을 받고 싶어서, 자녀의 행동이 무슨 의미인지 이해하고 싶어서 등등. 그렇기 때문에 이런 분들과 상담을 할 때는 하하호호 웃을 때도 있고, 정작 저는 생각조차 못 한 통찰로 자기 자신에 대해 깊이 이해하는 모습에 감동하기도 하고, 부지런히 자기 변화와 성장을 위해 무언가를 해내려 하시는 모습에 배우게 되는 순간들도 꽤 많아요. 그러니 상담을 하면서 늘 우울한 얘기만 하게 되는 건 일단 아니고요.

그렇다면 우울한 분과 상담을 하게 되면 상담자 역시 힘들어지는가? 물론 현재 우울한 분의 상황을 함께 하다 보면 그분이 왜 그리 힘들 수밖에 없는가에 공감이 가면서, 안타깝고 슬퍼지기도 하고 때론 같이 화도 나고 세상이 원망스러워지기도 하지요. 특히 만약 제가 세 명의 내담자를 연달아 상담하게 됐는데 그 세 분 모두 현재 상황이 너무 좋지 않거나 무기력해져 있는 분들이었다고 한다면, 그런 맥락에서 공감의 힘을 쏟은 상담자 역시 감정의 소진을 느끼며 분명 지치죠. 그건 확실합니다.

그렇다고 힘이 드는가? 그러니까 고통스러운가? 이건 다른 문제인 거 같아요. 왜냐하면 일단 상담자는 누군가의 이야기를 듣는 걸 상당히 좋아하는 천성이 좀 있는 사람들입니다. 그래서 누구보다 많이 듣는 이 직업을 선택하지요. 더불어, 상담자는 내담자가 힘든 얘기를 털어놓는다면 그걸 상당히 의미 있게 받아들이게 됩니다. '아, 이분이 이런 얘기를 하실 정도로 나를 믿고 있구나'. 자신의 내밀한, 그리하여 용기가 없어선 털어놓기 힘든 이야기를 해주시는 것 자체가 고마워요. 그러니 그분이 더 소중하고 귀하게 여겨지고요. 그런 상담자에 대한 신뢰가 있을 때 소위 '라포(Rapport, 내담자─상담자 사이에 생기는 상호 신뢰관계)'가 형성되었다고 볼 수 있고, 이후 상담 작업도 더 잘 될 수 있기 때문이죠.

그래서 오히려 우울한 상황의 내담자를 만나 이야기를 들을 때면, 그분의 상황 자체에 대한 안타까운 마음도 한 켠으로 크지만 또 한 켠으로는 그렇게 이야기를 털어놓으시는 그분의 용기 있는 태도와 상담자에 대한 신뢰, 그리고 그런 상황에도 상담이라는 어려운 걸음을 오셔서 무언가라도 해보려고 하는 의지와 저력을 발견하게 되면서 오히려 감사하고 감탄하게 되는 경우도 상당히 많은 거 같아요.

결국 상담자에게 자기 감정 관리는 필수입니다. 그렇지 않으면 분명히, −질문하신 분들의 의문처럼− 연속되어지는 내담자분들의, 혹은 매우 힘든 내담자의 사정을 듣고도 크게 흔들림 없이 안정감을 유지한다는 게 불가능하겠지요. 때로 잠깐 지칠지언정 빠르게 털어내고 지금 내 눈 앞의 내담자에게 감사도, 감탄도 할 수 있는 여유 자체를 갖기가 불가능하겠지요. 결국 그걸 잘하는 게 상담자의 자질이고 그거 잘하라고 상담자에게 전문가라는 타이틀을 주는 거 아닐까 싶어요.

마지막으로 이런 질문을 주시는 분들께, 전 늘 감사함을 전달하곤 하는데요. 호기심이나 의구심도 있으시겠지만, 힘들진 않을까 하는 상담자에 대한 걱정도 어느 정도는 포함되어 있으니까요. 그 따뜻한 마음에, 감사드려요. 이런 질문을 주시는 분들은 분명 다른 분들의 이야기에도 따뜻하게 공감을 많이 하게 되는 분들이실 거예요. 바로 그런 여러분들이, 여러분들의 벗들에겐 누구보다 훌륭한 상담자이신 거 아닐런지요?

핵심노트

- 상담은 꼭 힘들고 문제 있어서만 하는 게 아니에요. 자기 성장과 발전을 위해서 하기도 하죠.
- 주위 사람들을 위한 따뜻한 마음, 우리 모두는 이미 준상담자!

저자 약력

변시영

indian7@hanmail.net

한양대학교 교육학과 졸업
한양대학교 교육학과 상담심리전공 석사, 박사
한국상담심리학회 상담심리사 1급
여성가족부 청소년상담사 1급
한국자살예방협회 사이버상담위원(前)
HR Partner컨설팅 수석 컨설턴트(前)
국내 기업 상담실 상담사(現)

선배가 들려주는 기업상담 이야기

초판발행	2022년 5월 30일
지은이	변시영
펴낸이	노 현
편 집	김민조
기획/마케팅	조정빈
표지디자인	BENSTORY
제 작	고철민·조영환
펴낸곳	㈜ 피와이메이트
	서울특별시 금천구 가산디지털2로 53, 210호(가산동, 한라시그마밸리)
	등록 2014. 2. 12. 제2018-000080호
전 화	02)733-6771
f a x	02)736-4818
e-mail	pys@pybook.co.kr
homepage	www.pybook.co.kr
ISBN	979-11-6519-276-1 03180

copyright©변시영, 2022, Printed in Korea

정 가   13,000원

박영스토리는 박영사와 함께하는 브랜드입니다.